図解

不祥事の

社内調査
がわかる本

security

弁護士・公認不正検査士 **竹内　朗** ［編］
弁護士・公認不正検査士
公認AMLスペシャリスト **大野徹也**

プロアクト法律事務所 ［著］

中央経済社

はじめに

　本書は，プロアクト法律事務所が2019年10月に発刊した『図解　不祥事の予防・発見・対応がわかる本』の第2弾としてお送りするものです。前著は，発売から数日で増刷となり，企業の経営者，実務担当者，専門家の方々に大変ご好評をいただきました。厚く御礼申し上げます。

　グローバル企業や上場会社で起きた大規模な不祥事が表面化し，企業価値を大きく毀損する事例が後を絶ちません。もはや企業にとって不祥事は，「あってはならないもの」と遠ざけるのではなく，「必ず起きるもの」と正面から向き合うことが必要です。

　そして，社員からの内部通報，内部監査からの指摘，顧客からの苦情，行政当局からの指摘など，さまざまな契機を通して，不祥事の存在やその端緒を把握した企業が，必ず行うことになるのが「社内調査」です。

　適切な社内調査を行うことができれば，その調査結果に基づいて，その後の経営判断や対応措置も適切に進めていくことができます。しかし，現実には，社内調査のスキルが備わっておらず，いいかげんな社内調査でやり過ごそうとした結果，その後の経営判断や対応措置を大きく誤ってしまい，企業価値を大きく毀損するという残念な事例が後を絶ちません。こうした残念な状況を招いているのは，社内調査をどのように行ったらよいかのガイダンスが企業社会に十分に供給されていないからだ，と私どもは考えました。

　そこで，本書では，不祥事に直面した企業が必ず適切な社内調査を行うことができるよう，プロアクト法律事務所が過去の社内調査の支援で蓄積した知見や経験をふまえて，徹底的に実務目線で解説しています。

　何を調べるのか（調査対象事実），誰が調べるのか（調査体制）といった社内調査の本質論から説き起こし，客観的証拠の収集や関係者ヒアリングなど実

際に調査を進める方々が悩まれるであろう留意点をふんだんにとり上げています。

　また，不祥事の存否や概要を短時間で大まかに把握するための「初動調査」と，不祥事の全容や原因を相応の時間をかけて解明するための「本格調査」とでは，調査の目的やその後の対応措置が異なることにも触れています。

　見開き2頁で1テーマを扱い，左頁にテキスト解説，右頁に図解を盛り込むことにより，読者を活字の海にさまよわせることなく，ビジュアル的に要点を早分かりしていただけるように工夫したことも，前著から引き継いだ本書の特長の1つです。

　上場会社であれば年に数件，グループ全体では年に2桁の数の社内調査を行っているのではないでしょうか。社内調査のスキル向上は，その後の経営判断と対応措置の品質向上，つまり不祥事対応そのもののレベル向上につながり，企業価値の再生向上につながります。

　本書を読んでくださった企業の経営者や実務担当者の方々が，自信をもって前向きに社内調査に取り組んでいただけるようになれば幸いです。

　最後に，本書の出版にあたり，中央経済社の石井直人氏には前著に引き続き多大なご尽力を賜りました。この場をお借りして厚く御礼申し上げます。

　2020年10月

プロアクト法律事務所

弁護士　竹内　　朗

弁護士　大野　徹也

第1章 総 論

不祥事対応のサイクルと社内調査の位置づけ

■不祥事対応のサイクル

　不祥事対応は，「平時のリスク管理」である発生前の「予防」と発生後の「発見」，そして「有事の危機管理」である「事実調査」「原因究明」「再発防止」というプロセスによって構成されます。有事の危機管理では，実効性のある再発防止策を講じ，それを平時のリスク管理に組み込むことで平時に戻り，企業価値の再生を図ることを目指します。

■社内調査＝業務執行機関が主体となる調査

　本書において「社内調査」とは，不祥事が発見されて，有事の危機管理に入る際に「事実調査」を会社自ら，つまり業務執行機関が主体となって行うものを指します。この点で，社外役員や外部専門家が主体となって行われる調査とは区別されます。

　有事の危機管理における事実調査は，その多くが社内調査の形をとります。社内調査のスキルを高めることは，有事の危機管理のスキルを高めることに直結します。

■社内調査＝初動調査＋本格調査

　社内調査は「初動調査」と「本格調査」とに分けられます。

　「初動調査」とは，不祥事の存否や概要を短時間で大まかに把握するための調査です。初動調査の結果は，どのような応急措置を講じるか等の暫定的な経営判断の基礎となります。引き続き本格調査を行う必要があるかどうかも，初動調査の結果をふまえて経営陣が判断します。

　「本格調査」とは，不祥事の全容や原因を相応の時間をかけて解明するための調査です。本格調査の結果は，組織的な原因の究明を経て，どのような恒久措置（再発防止策）を講じるかという最終的な経営判断の基礎となります。

　有事の危機管理では，こうした社内調査のプロセスと並行して，不祥事の影響を受けるステークホルダー対応も進めていきます。

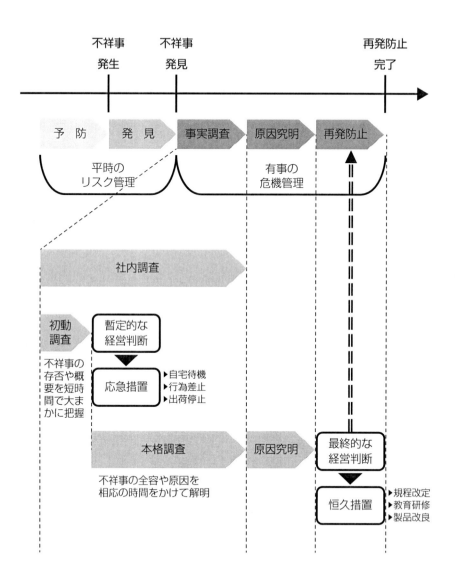

02 初動調査の意義・目的

■暫定的な経営判断の基礎を提供

　不祥事が発見されて有事の危機管理に入ったら，経営陣は，講ずべき応急措置や本格調査の要否について，暫定的な経営判断を迅速に行う必要があります。そのため，経営陣は，不祥事の存否や概要を短時間で大まかに把握するべく，調査チームを速やかに組成し，初動調査を実施させます。

　調査チームは，経営陣が暫定的な経営判断を迅速に行えるよう，スピード感ある調査・報告を行います。

■暫定的な経営判断に基づく応急措置の実行

　初動調査によって不正の存否や概要が大まかに把握できたら，経営陣は，すぐに暫定的な経営判断を下して応急措置を実行します。たとえば，不正行為者に自宅待機を命じて職場から隔離する，不正行為を差し止める，不正行為の対象となった製品の出荷を停止するなどです。

　応急措置の実行により，社内外に発生し続けている損害の拡大を防止します。的確な応急措置を迅速に実行することは，ステークホルダーからの信頼を回復する上でも重要な意義をもちます。

■本格調査への移行の判断

　初動調査の結果，軽微な事案であることが判明すれば，応急措置を実行することで有事の危機管理が終了し，有事から平時に戻れる場合もあります。

　一方で，初動調査の結果，社内外への影響が大きい事案であることが判明したような場合には，経営陣は，不祥事の全容や原因を相応の時間をかけて解明するため，本格調査に移行することを決定します。この際に，どのようにして最適な調査体制を構築するのか，引き続き社内調査で進めるのか，第三者委員会等の社外調査に移行するのか等を判断します。

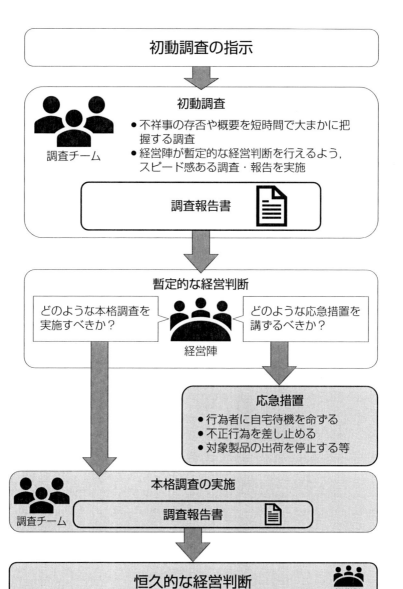

応急措置

■応急措置による被害の拡大防止

　初動調査によって不祥事の存否や概要が判明した場合，経営陣は，速やかに，暫定的な経営判断を行って，不正の差止め等の応急措置を実行し，社内外の損害発生・拡大を防止する必要があります。かかる応急措置には，行為者や関与者を疑いのある取引や社内手続などから隔離したり，証拠の保全を講じるなどの手段が含まれます。応急措置に係る経営判断は，不正の全容解明を待つまでもなく一刻も早く実行する必要があります。このため，初動調査では，深度や粒度にこだわりすぎず，応急措置のために必要な情報を迅速に収集・把握することを優先することになります。

■応急措置にあたって必要な情報

　不正の差止め等の応急措置に関する経営判断の基礎として必要と考えられる事実を例示すると，概ね以下のとおりです。
①不正行為の有無，内容
②不正行為の発生場所，行為者
③影響範囲（商品・サービス・取引先の範囲）
④何をすればそれが止まるのか

■キックバックによる着服横領の例

　たとえば，水増し請求によるキックバックの疑いが発生したとします。この場合，初動調査としては，行為者が担当する取引先への発注内容やお金の流れを確認し，発注業務の内容と他事例と照らし合わせた発注額の適切性等を検証して水増しの存否を明らかにします。行為者に自宅待機を命じて業務から隔離し，当該取引の適切性を確認していきます。さらに疑いの程度に応じて，取引先への支払の一時保留なども検討します。その先の，行為者への資金還流の有無・金額，不正の動機や体制上の問題点などは本格調査で調べます。

初動調査の指示

初動調査

調査チーム

調査報告書
- 不正行為の有無，内容
- 不正行為の発生場所，行為者
- 影響範囲（商品・サービス・取引先の範囲）
- 何をすればそれが止まるのか
- 他にも不正行為が存在する可能性の有無

暫定的な経営判断

経営陣

本格調査の実施

応急措置
自宅待機・行為差止・出荷停止等

〈キックバックによる着服横領の事例における初動調査のスコープ〉

暫定的な経営判断に必要な事項	初動調査のスコープ
不正行為の有無，内容	取引先への発注内容やお金の流れ，発注業務の内容と他事例と照らし合わせた発注額の適切性など
不正行為の発生場所，行為者	どの取引先か？
影響範囲	どの種類の取引か？ 行為者の担当取引先の範囲 商品・サービスの納品への影響
何をすれば止まるのか？	行為者を業務から隔離する必要があるか？ 支払の一時保留などは可能か？

04　本格調査の意義・目的

■本格調査の実施

　初動調査の結果，社内外への影響が大きい事案であることが判明したような場合，経営陣は，不正の全容や原因を相応の時間をかけて解明するための本格調査を実施します。

　調査チームは，十分な調査範囲を設定し，ある程度時間をかけて，客観的資料の検討やヒアリングを重ねることで，不正の全体像，不正の経緯や動機，不正を許した環境，上司の認識の有無，他部署における同種不正の存否などを丹念に調査し，その調査結果を調査報告書にとりまとめて，経営陣に提出・報告します。

■最終的な経営判断の基礎を提供

　経営陣は，調査報告書に記載された事実関係をふまえ，経営判断として不正の原因を究明し，その原因に対応した再発防止策を決定して実行します。

　再発防止策は，実効性ある恒久措置を講じることであり，具体的には，社内規程やマニュアル等の改訂，組織改編や制度改革，教育研修の強化，製品改良などが挙げられます。

　また，有事の危機管理においては初期段階からステークホルダー対応が同時並行で進められますが，本格調査が完了した後には，ステークホルダー対応の最終段階として，不正の顛末，再発防止策と社内処分に関する説明，製品の出荷再開，顧客や被害者への補償などを行うことになります。これら対応を完了させることにより，経営陣は有事の危機管理にピリオドをうち，企業を平時に復帰させ，企業価値の再生を目指します。

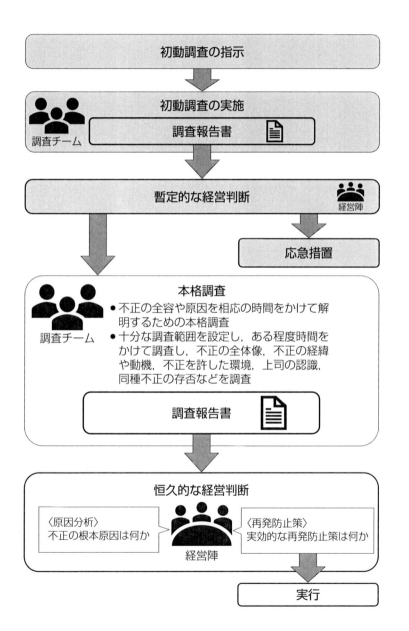

正確な事実関係の把握

■正確な事実関係の把握は経営判断の基礎

　経営陣による経営判断・意思決定は，「経営判断原則」に則して行われなければなりません。

　経営判断原則とは，経営判断の前提となった事実認識に不注意な誤りがなく，判断の内容が著しく不合理なものでなければ，経営陣は，その判断が結果的に誤りであったとしても，善管注意義務違反を問われない（免責される），という判例法理です。

　特に，有事の危機管理という非常事態において，経営陣は難しい経営判断を迅速かつ的確に行っていく必要に迫られますので，「事実認識に不注意な誤り」が生じないよう，事実関係を正確に把握して経営判断の基礎を固める必要があります。初動調査や本格調査による正確な事実関係の把握は，「事実関係に不注意な誤り」が生じないようにすることで会社と経営陣を守る，という意味があります。

　また，経営判断はその時々の状況に応じて的確に行われる必要があり，その判断に必要な事実関係の範囲や深度も場面ごとに異なります。

■処方箋を出すための正確な診断

　たとえば，医師が患者に的確な処方箋を与えるためには，正確な診断と病巣の特定が必要であり，そのためには，精密検査や鮮明なレントゲン写真やMRI画像により現在の患者の状態を正確に知る必要があります。

　不正に直面した企業も同じです。不正に対して実効的な再発防止策（＝処方箋）を策定するためには，問題事象を招いた根本原因（root cause）の特定が必要です。そのためには5W1Hに基づいて会社のなかで何が起きたかを精密に調査する，徹底した事実調査が出発点になるのです。

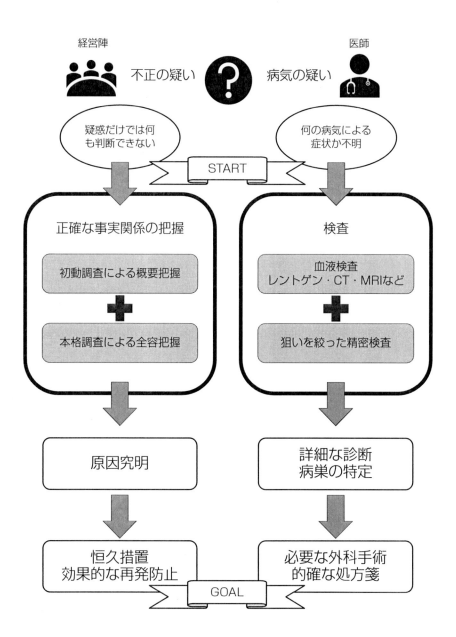

不祥事対応プリンシプル：前文

■上場会社における不祥事対応のプリンシプル

　日本取引所自主規制法人は，2016年2月に「上場会社における不祥事対応の
プリンシプル」（巻末資料②）を公表し，不祥事に直面した上場会社に期待さ
れる対応や行動に関する原則を示しています。同プリンシプルのエッセンスは
その前文に凝縮されており，社内調査においても大いに参考になります。

■確かな企業価値の再生

　不正調査の最終ゴールは「確かな企業価値の再生」です。企業は「必要十分
な調査」により「事実関係や原因を解明」し，これをもとに「再発防止を図
る」ことで「自浄作用を発揮」します。こうしたプロセスについて社内外への
説明責任を果たして「速やかにステークホルダーからの信頼回復」と「確かな
企業価値の再生」を図ります。こうした行動は，役員の善管注意義務の一部を
成すといえます。

■企業価値とは

　ここでいう「企業価値」は，経済価値（企業が生み出す利益や財務の健全性
等に対する評価。利益額など），社会価値（組織の社会への適合性・貢献度等
に関する価値。CSR活動など），組織価値（組織そのものに対する評価。組織
風土や経営者のリーダーシップ，従業員の能力・熱意など）の3つから構成さ
れると考えられます（櫻井通晴『コーポレート・レピュテーションの測定と管
理』（同文舘出版，2011年）70頁）。

　ステークホルダーは，不正を発生させた企業に対して，深刻な経済ダメージ
がないか（経済価値への疑問），不正を再発させて社会に不安を与えることが
ないか（社会価値への疑問），規律が緩みコンプライアンス体制に問題を生じ
させていないか（組織価値への疑問）等の不安を持っており，その不安を放置
すれば中長期的に企業価値を低下させる原因となります。

　したがって，確かな企業価値の再生を目指すためには，これら3つの価値へ
の疑問について，十分な説明責任を果たすことが求められます。

不祥事対応プリンシプル［前文］
　企業活動において自社（グループ会社を含む）に関わる不祥事又はその疑義が把握された場合には，当該企業は，**必要十分な調査**により**事実関係や原因を解明**し，その結果をもとに**再発防止を図る**ことを通じて，**自浄作用を発揮**する必要がある。その際，上場会社においては，**速やかにステークホルダーからの信頼回復**を図りつつ，**確かな企業価値の再生**に資するよう，本プリンシプルの考え方をもとに行動・対処することが期待される。

※下線は筆者

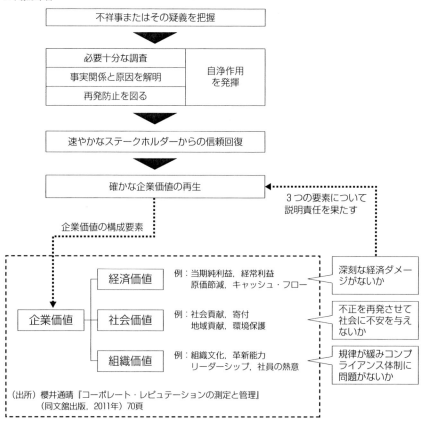

07 不祥事対応プリンシプル：原則①と原則③

■原則①

　不祥事対応プリンシプルの原則①と原則③の内容は，社内調査を含む不正調査一般に共通します。

　原則①は，不祥事の根本的な原因（root cause）の解明を求めています。たとえば，品質不正についての社内調査では，検査データ改ざんを行った社員のコンプライアンス意識が低かったといった「個人的要因」にとどまることなく，さらなる原因を根気よく探っていくと，製造部門の実力を無視した生産計画・コストの設定や，上層部の品質管理への無理解による部門予算の不足といった「組織的要因」が浮かび上がってきます。根本原因の解明とは，こうした「組織的要因」を過不足なく解明することを指します。

■原則③

　原則③は，解明された不祥事の根本的な原因に即した実効性の高い再発防止策の策定を求めています。たとえば，品質不正についての原因解明で，コンプライアンス意識が低かったという「個人的要因」にとどまると，コンプライアンス研修の実施という「個人的要因」に働きかけるだけの再発防止策にとどまります。しかし，上層部の品質管理への無理解による部門予算の不足という「組織的要因」にまで遡ることができれば，品質管理部門の権限強化，そのための組織構造改革といった「組織的要因」に働きかける再発防止策を打ち出せます。

　また，策定された再発防止策は，迅速かつ着実に実行し，その目的に沿って運用され，定着しているか十分に検証します。再発防止策を策定，着手しただけでは，再発防止は叶いません。定期的な効果測定によって，その有効性が検証されて初めて，再発防止を遂げたと評価されます。

■原因究明と再発防止策を完成させるのは

　調査チームは調査報告書において，不正の原因と再発防止策についても言及することとなりますが，経営陣はこれを鵜呑みにせず，経営目線から検証を加えて，最終的な原因究明と再発防止策を完成させます。

[原則①] 不祥事の根本的な原因の解明

　不祥事の原因究明に当たっては，必要十分な調査範囲を設定の上，表面的な現象や因果関係の列挙にとどまることなく，その背景等を明らかにしつつ事実認定を確実に行い，**根本的な原因を解明**するよう努める。

　そのために，必要十分な調査が尽くされるよう，最適な調査体制を構築するとともに，社内体制についても適切な調査環境の整備に努める。その際，独立役員を含め適格な者が率先して自浄作用の発揮に努める。

[原則③] 実効性の高い再発防止策の策定と迅速な実行

　再発防止策は，**根本的な原因に即した実効性の高い方策**とし，**迅速かつ着実に実行**する。

　この際，組織の変更や社内規則の改訂等にとどまらず，再発防止策の本旨が日々の業務運営等に具体的に反映されることが重要であり，その目的に沿って**運用され，定着しているかを十分に検証**する。

※下線は筆者

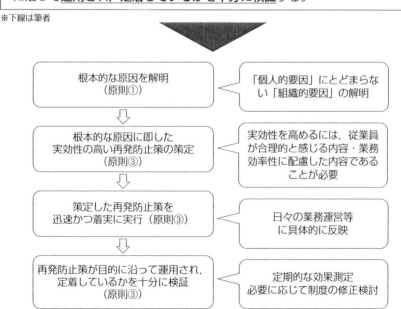

不正調査に関連する規範

■「企業等不祥事における第三者委員会ガイドライン」

　日本弁護士連合会が発表した「企業等不祥事における第三者委員会ガイドライン」は，第三者委員会の設置・運営に関する考え方の指針として，広く参照されているガイドラインです。第三者委員会の設置を検討する場合や，第三者委員会の委員や補助者として調査を行う場合には，同ガイドラインに準拠すると否とを問わず，必ず目を通しておく必要があります。

　第三者委員会ガイドラインのうち右図の条項については，名宛人は第三者委員会ではあるものの，社内調査にも共通するものとして参考になります。

■監査役監査基準第27条

　監査役監査基準は，監査実務のあり方や監査役の責務，監査役としての視点等を示した基準として公益社団法人日本監査役協会が定めたものです。

　同基準第27条は，企業不祥事発生時の監査役の対応のあり方や，第三者委員会への監査役の関わり方を規定しています。企業不祥事が発生した際の監査役は，自身の善管注意義務を果たすという意味でも必ず参照する必要があります。

　特に，同条1項は，右図のとおり不祥事が発生した場合に監査役に求められる役割を規定しており，社内調査においても参考になります。

　①について，取締役等が監査役に社内調査の報告・説明を行わないということはあってはならず，また監査役自身も不祥事の兆候があればすぐに確認するなど，適切な事実把握に努める必要があります。

　②について，たとえば，監査役の1人が調査チームに加わるハイブリッド型の社内調査であっても，監査役会が調査や対応の状況を常にモニタリングする必要があります。

　監査役がこれらの役割を全うすることが，自身の善管注意義務を果たすことにつながります。

■「企業等不祥事における第三者委員会ガイドライン」(要約)

第1部　基本原則
第1．第三者委員会の活動
1．不祥事に関連する事実の調査，認定，評価
(1) 調査対象とする事実は不祥事を構成する事実関係のみならず，不祥事の経緯，動機，背景及び類似案件の存否，当該不祥事を生じさせた内部統制，コンプライアンス，ガバナンス上の問題点，企業風土等にも及ぶ。
(2) 証拠に基づいた客観的な事実認定を行う。
(3) 事実の評価と原因分析は，法的責任の観点に限定されず，自主規制機関の規則やガイドライン，企業の社会的責任(CSR)，企業倫理等の観点から行われる。
第2部　指　針
第1．第三者委員会の活動についての指針
1．不祥事に関連する事実の調査，認定，評価についての指針
(1) 調査スコープ・調査手法は目的達成のために必要十分なものでなければならない。
(2) 各種証拠を十分に吟味して，自由心証により事実認定を行う。不祥事の実態を明らかにするために，法律上の証明による厳格な事実認定に止まらず，疑いの程度を明示した灰色認定や疫学的認定を行うことができるが，その影響にも十分配慮する。
(3) 法的評価のみにとらわれることなく，自主規制機関の規則やガイドライン等も参考にしつつ，ステークホルダーの視点に立った事実評価，原因分析を行う。不祥事に関する事実の認定，評価と，企業等の内部統制，コンプライアンス，ガバナンス上の問題点，企業風土にかかわる状況の認定，評価を総合的に考慮して，不祥事の原因分析を行う。
第6．その他
1．調査の手法など
調査の手法の例示として，①関係者に対するヒアリング，②書証の検証，③証拠保全，④統制環境等の調査，⑤自主申告者に対する措置，⑥ホットライン，⑦デジタル調査が挙げられている。

■監査役監査基準第27条(要約)

第1項	①企業不祥事が発生した場合，直ちに取締役等から報告を求め，必要に応じて調査委員会の設置を求め調査委員会から説明を受け，企業不祥事の事実関係の把握に努める。②原因究明，損害の拡大防止，早期収束，再発防止，対外的開示のあり方等に関する取締役及び調査委員会の対応の状況について監視し検証しなければならない。
第2項	取締役の対応が独立性・中立性・透明性等の観点から適切でないと認められる場合には，監査役は監査役会による協議を経て，取締役に対して第三者委員会設置の勧告を行い，必要に応じて自ら依頼して第三者委員会を設置する等の措置を講じる。
第3項	監査役は，不祥事と利害関係がある場合を除き，第三者委員会の委員に就任することが望ましい。就任した場合，善管注意義務を前提に他の委員と協働してその職務を適正に遂行する。就任しない場合にも，原則として，委員会設置の経緯や対応状況等について委員会から説明を受け，必要に応じて監査役会への出席を求める。

09　オンラインで社内調査を行う際の留意点

■社内調査におけるオンラインシステムの活用

　昨今，企業ではテレワークの導入が進んでおり，社内調査もオンラインでの実施を余儀なくされるケースが増えています。各調査をオンラインで行う場合の留意点は右図のとおりですが，特に客観的証拠と関係者ヒアリングについて下記で説明します。

■客観的証拠

　まず，客観的証拠の保全・収集は，調査対象となる各拠点に指示し，関係資料をデータで送付してもらうことで対応可能です。一方で，たとえばデータが格納されているPCやスマートフォン等のデバイスを確保する必要がある場合には，調査チームが各拠点に出向いて直接証拠を押さえる必要があります。

　検証は，収集した客観的証拠をデータ化し，事前にクラウドやサーバに格納しておくことで，オンラインでの実施が可能です。もっとも，原物を確認するためには，原物が保管されている場所に直接出向いて確認する必要があります。

■関係者ヒアリング

　電話会議・テレビ会議システムを活用することでヒアリング自体は可能です。もっとも，電話では相手の表情を読み取ることができず，テレビ会議では表情を読み取ることができても，挙動までは読み取ることができません。また，万が一ヒアリング対象者の横に助言者がいても，テレビ会議の画面から外れていた場合には気づくことができません。そのため，ヒアリングの重要度が高い場合は可能な限り対面でヒアリングを行い，個別の事情に応じて電話会議やテレビ会議によるヒアリングを併用することが望ましいでしょう。

■セキュリティへの配慮

　社内調査では，一般的な業務よりも機密性の高い情報を取り扱うことが多いため，オンラインで社内調査を進める際は右図のポイントを参考にセキュリティ対策にも十分に配慮する必要があります。

調査内容	オンラインでの調査	説　明
客観的証拠の保全・収集	△	●各拠点に指示し対応 ●証拠によっては直接確保しに出向く必要がある
客観的証拠の検証	△	●自宅からアクセス可能なクラウド・サーバ内に保存している資料は検証可 ●原物確認は不可
関係者ヒアリング	△	●ヒアリング自体は可能だが，表情・挙動の把握が困難 ●助言者に気づけない
役職員アンケート	○	●書面ではなく，オンラインシステムやメールを使用すれば可能
ヘルプライン対応	○	●電話ではなく，メールを使用すれば可能
調査チームでの打合せ	○	●電話会議・テレビ会議で可能
調査報告書の作成	○	●各自のPCで可能

テレワークセキュリティ対策のポイント

- テレワークで扱う情報について，定められた情報のレベル分けとレベルに応じたルールに従って取り扱う。
- オフィス外に情報資産を持ち出すとき，その原本を安全な場所に保存しておく。
- 機密性が求められる電子データを送信する際には必ず暗号化する。
- テレワークでファイル共有サービス等のパブリッククラウドサービスを利用する場合，社内ルールで認められた範囲で利用する。

（出所）総務省：「テレワークセキュリティガイドライン（第4版）」20頁以降

第2章　調査対象事実

必要十分な調査範囲の設定

■必要十分な調査範囲

　初動調査，本格調査いずれの場合であっても，調査チームは，必要十分な調査範囲を設定することが必要です。調査範囲が不十分であると，経営陣の経営判断を誤らせたり，調査後に新たな不正が発覚するなどして，企業価値がさらに損なわれます。

　初動調査は，不祥事の存否や概要を短時間で大まかに把握するための調査であり，迅速性が強く要請されるので，調査範囲も絞られます。

　これに対し，本格調査は，不祥事の全容や原因を相応の時間をかけて解明するための調査ですので，初動調査で判明した事実関係にとどまらず，調査範囲を縦横に押し拡げて，関連する不正・他部署に同種の不正がないか（横の拡がり），上司・役員らに不正への関与がないか（縦の拡がり）を調査します。

■横の拡がり，縦の拡がり

　調査チームは，初動調査で把握された不正のリスク要因を分析し，「関連してこのような不正もあるのではないか」「他の部署にも同様のリスクがあるのではないか」というような仮説を立てて，不正の「横の拡がり」の有無を調査します。このように，発見された1つの不正を端緒に，社内に潜在的に存在する不正の有無を網羅的に把握する調査を，「件外調査」「類似案件調査」「余罪調査」などと呼びます。

　次に，発見された不正について，上司や役員など，どの階層までが関与または認識していたのかという「縦の拡がり」，つまり組織性を調査します。調査の過程で，不正の「横の拡がり」が認められた場合は，上司や役員など組織の上層部が何らかの関与または認識をしていたのではないかという合理的な疑念も生じます。上層部のどの範囲が関与または認識していたかによって，不正の原因も講ずべき再発防止策も異なってきます。

不祥事対応のプリンシプル［原則①］不祥事の根本的な原因の解明
　不祥事の原因究明に当たっては，**必要十分な調査範囲を設定**の上，表面的な現象や因果関係の列挙にとどまることなく，その背景等を明らかにしつつ事実認定を確実に行い，根本的な原因を解明するよう努める。
　そのために，必要十分な調査が尽くされるよう，最適な調査体制を構築するとともに，社内体制についても適切な調査環境の整備に努める。その際，独立役員を含め適格な者が率先して自浄作用の発揮に努める。

※下線は筆者

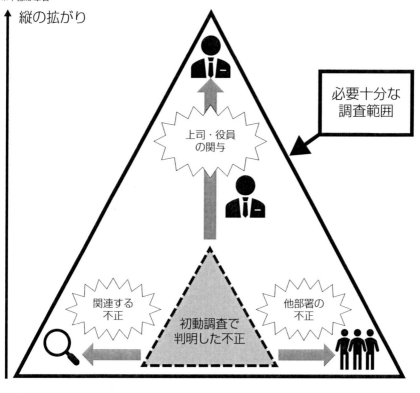

調査範囲：横の拡がり（件外調査）

■件外調査が必要な理由

　各ステークホルダーは，不正を発生させた企業に対して「他にも不正が隠れているのではないか」との疑念を持ちます。調査チームは，この疑念を払拭するため，あるいは，他に不正がある場合には，本件との間に共通する根本原因をあぶり出して是正するため，「他に同種の不正がないか」を確認するための調査（＝件外調査）を実施します。

■リスクベース・アプローチによる調査範囲の設定・拡大

　件外調査の手法として，発見された不正からリスク要因を抽出し，これを手がかりに調査範囲を拡大する手法（リスクベース・アプローチ）があります。

① 　不正の特徴からの探索

　発見された不正に特有のリスク兆候が見られる場合，そのリスク兆候が存在する部署や業務に調査範囲を拡大します。たとえば，循環取引であれば，粗利率の低下，棚卸資産回転期間の異常などの兆候が見られるため，他部署の経理データを分析し，異常値がある部署に調査を拡大します。

② 　人的関係からの探索

　不正行為者の人的関係がリスク要因となる場合があります。不正行為者が，部署の後輩から協力を得たり，研修などで同期と不正の手口を共有するなど，人的関係を起点に不正が拡がっている可能性があります。また，上司からの営業プレッシャーが不正の動機となっている場合やハラスメント系の事案では，加害者が過去に所属していた部署で同様の不正があったかもしれません。

■アンケートや内部通報窓口等による情報収集

　調査の密行性への配慮が必要ない事案では，社内アンケートや臨時の内部通報窓口の設置，社内リーニエンシーによる自己申告の奨励などの手段を駆使して，社内から情報を収集します。

　顧客や取引先からのクレームに不正の兆候が見られる場合もありますので，担当部署に保存されているクレーム対応記録などを確認する方法もあります。

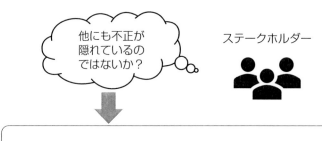

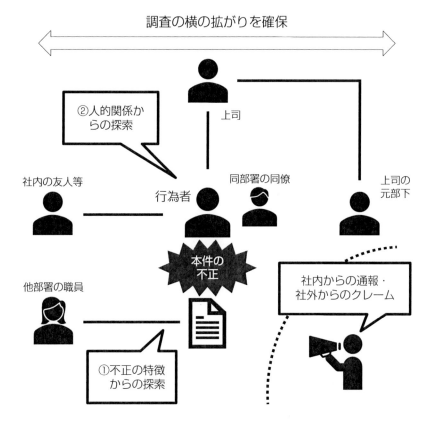

他にないことの証明方法

■デューディリジェンス的アプローチ

　件外調査は,「調査により発見された不正以外に, 他に同種の不正がないかどうか」を確認する調査ですが,「存在しないことの証明」は悪魔の証明とも呼ばれ, 直接的にそれを証明することは困難です。そこで, 件外調査においては, デューディリジェンス的なアプローチを採用して「このような理由で, このような範囲・深度の調査を網羅的かつ多角的に行ったものの, これ以外には不正は見つからなかった。したがって, 他に不正は存在しないことが合理的に推認される」という論証を行い, 調査結果の合理性を担保します。

■調査ロジックの合理性と説明

　この論証ができるのは, 調査手法・調査範囲の設定に関する調査ロジックが合理的であり, かつ, そのロジックに沿って網羅的かつ多角的な調査が行われたという調査プロセスの存在が前提です。そこで, 調査報告書には, 調査手法や調査範囲について, なぜそのような設定を行ったのか, また, なぜその調査手法・調査範囲によって「他に不正は存在しないことが合理的に推認される」といえるのかをしっかりと記述します。この調査ロジックが不十分だと, 調査報告書の読者に対し「この程度の調査では, 他に不正がないとは言い切れないのではないか」という疑念を抱かせることになります。

■何も発見されなくても意義がある

　件外調査を実施して他の不正が発見されなかったとしても, それは決して無駄骨でも空振りでもありません。「他に不正が発見されなかった」という結果自体が, 会社にとって価値があるものです。

　件外調査をしようとすると, 調査対象部署から「もし調べてみて何も出てこなかったら一体誰が責任をとるんだ」と強く抵抗されることもあるでしょう。そんなときには,「何も出なかったらみんなでビールで乾杯しましょう」と返しましょう。

他に不正が存在しない，との証明は困難

証明に代えて，デューディリジェンス的な
網羅的・多角的な調査と分析を実施

①調査のロジック
②調査のプロセス
③調査の結果
を開示して「ここまで調査を尽くしましたが，見つかっ
たのはここまでです。したがって，他に不正がないこと
が合理的に推認されます」と説明する

①調査の ロジック	● 設定した調査範囲（子会社・部門・対象者など） ● 設定した調査手法（デジタルフォレンジックの有無，対象範囲と取得したデータの分析方法などを含む） ● そのような設定とした理由　　　　　　　　　　　　　　など
②調査の プロセス	● ①のロジックに従って何をどのように実施したのか ● 調査範囲を横に拡げるときの手がかりとなった不正の特徴や他部署における探索方法 ● アンケート，内部通報窓口の設置状況と社内告知の方法　　　　　　　　　　　　　　　　　　　　　　　　　　など
③調査の 結果	● ②の実施結果を数字で示す ● 発見された証拠の種類・内容 ● 証拠の分析方法，分析結果，評価 ● 調査チームの考察結果，理由　　　　　　　　　　　　など

調査範囲：縦の拡がり（組織性調査）

■上層へと突き上げる調査

　発見された不正について，上司や役員など，どの階層までが関与または認識していたのかという「縦の拡がり」，つまり組織性を調査します。

　事実調査は原因究明や再発防止策の策定のために行うものですが，上層部のどの範囲が関与または認識していたのかによって，その不正の原因も講ずべき再発防止策も異なってきます。多くの不正行為の背後には「行為者個人のコンプライアンス意識の欠如」などといった個人的要因だけではなく，それを招来した組織構造的・組織風土的な要因が隠れています。これらの要因に迫るには，組織の上層へと突き上げる調査によって，行為者の上司や役員らの関与・認識の有無，程度を確認することが必要です。

■具体的な手法

　「縦の拡がり」の組織性調査は，主として，不正の行為者の上司や役員に認識状況をヒアリングする方法で行います。

　たとえば，不正行為者が「不正の事実を上司Xに報告した」と説明している場合，事前に，報告の事実を裏づける資料（会議資料や議事録）や，上司・部下間のメール等，上司Xの認識の有無・程度を裏づける客観的な証拠を確保しておきます。それら証拠を収集して上司Xへのヒアリングを行えば，上司Xが自らの認識を認めるかもしれませんし，上司Xが最後まで事実を認めなかったとしても「上司Xは不正の認識を否定するが，客観証拠に照らしてその供述は信用できない」といった認定や，「客観証拠に照らせば，上司Xに不正の認識があった可能性は高い」というような認定を行うことが可能になります。また，上司が本当に認識していないという場合には，認識していない理由・根拠を確認して管理監督の不十分性や内部統制の欠陥を明らかにします。

　ただし，このような「縦の拡がり」調査を社内調査チームだけで行うには，組織上の限界があることもありますので，そのような場合には，社外役員や弁護士などの社外専門家を活用することを検討すべきです。

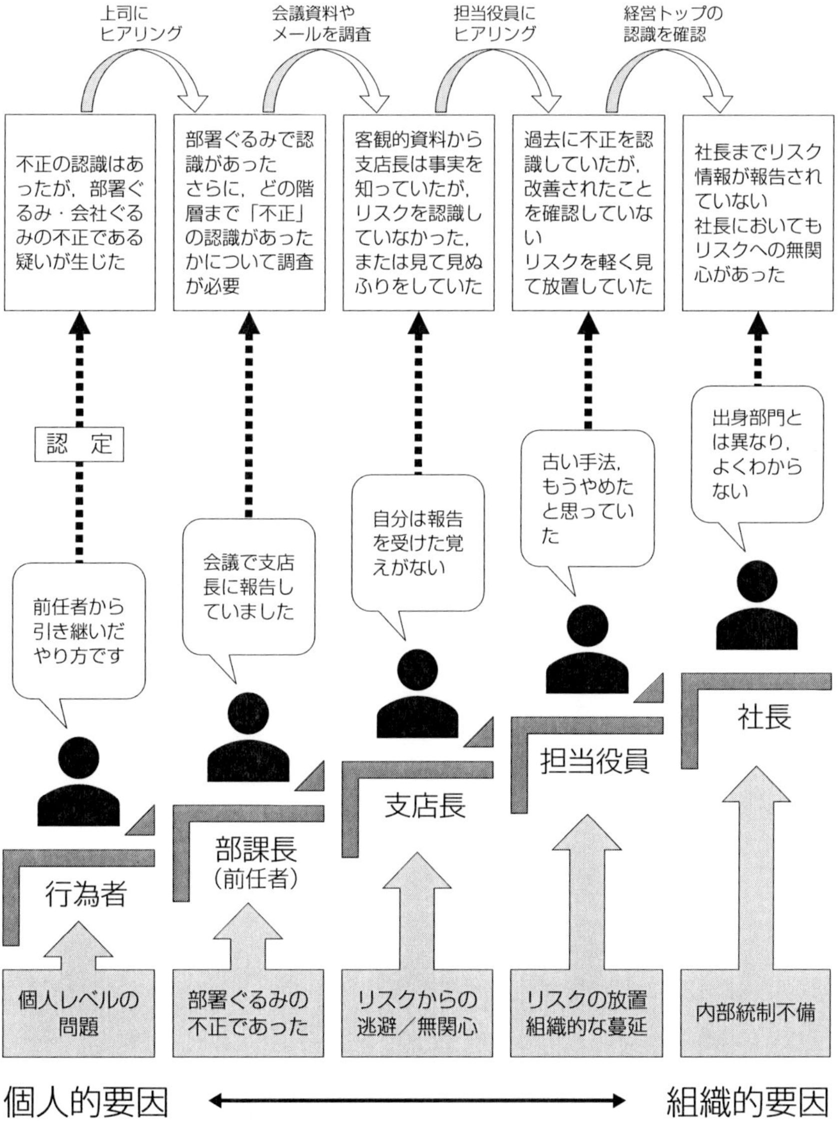
上司に
ヒアリング
会議資料や
メールを調査
担当役員に
ヒアリング
経営トップの
認識を確認
不正の認識はあったが，部署ぐるみ・会社ぐるみの不正である疑いが生じた
部署ぐるみで認識があった
さらに，どの階層まで「不正」の認識があったかについて調査が必要
客観的資料から支店長は事実を知っていたが，リスクを認識していなかった，または見て見ぬふりをしていた
過去に不正を認識していたが，改善されたことを確認していない
リスクを軽く見て放置していた
社長までリスク情報が報告されていない
社長においてもリスクへの無関心があった
認　定
前任者から引き継いだやり方です
会議で支店長に報告していました
自分は報告を受けた覚えがない
古い手法，もうやめたと思っていた
出身部門とは異なり，よくわからない
行為者
部課長
（前任者）
支店長
担当役員
社長
個人レベルの問題
部署ぐるみの不正であった
リスクからの逃避／無関心
リスクの放置
組織的な蔓延
内部統制不備
個人的要因
組織的要因

第3章　調査体制と調査環境

最適な調査体制の構築

■最適な調査体制：独立性と専門性

　調査チームを組成する際には，最適な調査体制の構築が必要です。そのためには，調査の客観性を確保する「独立性」と，調査の精度・粒度を確保する「専門性」が必要です。社内調査では，コンプライアンス部門が調査チームの中心になることが多いといえます。それは，一般的に，現場からの距離があり不正からの独立性が確保されている上，不正調査に関する経験値が豊富で専門性が高いと考えられるためです。

■調査チームの独立性

　調査チームは，不正行為者，不正に関与した可能性のある者，その上司・部下など，調査対象事実からの距離が近い者を除外する必要があります。調査対象者が調査主体となる「セルフ調査」では，調査に手心が加えられるおそれがあり，実際には手心が加えられなくても，そのような疑いを招くことによって，調査への信頼性が損われるため，避けるべきです。

■調査チームの専門性

　調査チームに必要な専門性には，①調査対象事実に関する専門性（調査対象となる製品やサービスに関する専門知識）と，②調査手法に関する専門性（ヒアリングや事実認定などの調査技術，関連する法律・会計の知識，ITやフォレンジックに関する専門知識）の双方があります。双方の専門性を備えるため，社内・社外の専門家を活用することにより，調査結果の精度・粒度を確保し，調査の信頼性を高めます。

■調査チームのリーダー

　調査チームのリーダーは，独立性を備えていることは最低限必要ですが，専門性は社内外の人材活用により補えるため必須ではありません。チームマネジメントやスケジュール管理，調査実現に向けた調整力に長けたリーダーシップのある人物が適任です。

不祥事対応のプリンシプル［原則①］不祥事の根本的な原因の解明
　不祥事の原因究明に当たっては，必要十分な調査範囲を設定の上，表面的な現象や因果関係の列挙にとどまることなく，その背景等を明らかにしつつ事実認定を確実に行い，根本的な原因を解明するよう努める。
　そのために，必要十分な調査が尽くされるよう，**最適な調査体制を構築**するとともに，社内体制についても適切な調査環境の整備に努める。その際，独立役員を含め適格な者が率先して自浄作用の発揮に努める。

※下線は筆者

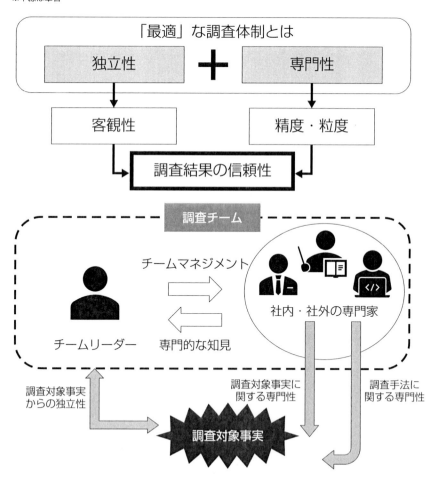

15　調査チームの独立性

■調査チームから「ライン」のメンバーを外す

　調査チームの独立性を確保するためには，不正行為者の属する「ライン」を調査チームから外す必要があります。たとえば，不正が営業ラインの支店で発生した場合，その支店長，ブロック長，営業本部長，営業担当役員などは外します。これらの人物は不正に関与している疑いがあるほか，上司・役員は管理責任を問われる立場の者として，調査対象者になるからです。

　実務では，不正行為者の上司や担当役員に調査を担当させる例が散見されますが，自らへの責任追及を避けるために事実を矮小化するおそれがあり，適切とはいえません。

■初動調査における調査協力者の活用

　初動調査では，調査チームは，不正の存否や概要を短時間で把握する必要があります。しかし，不正に関する詳細な事情や専門知識をもっているのは「ライン」に属する役職員です。そこで調査チームは，調査対象事実に関する専門性を補完するため，「ライン」の出身者や「ライン」に近い人材を「調査協力者」として，水先案内人のように活用しながら迅速に調査を進めることが有用です。もっとも，この調査協力者は，本格調査に移行すると調査対象者となり，過去の経緯や体制不備の問題について厳しくヒアリングすることも想定されます。したがって，調査協力者は，調査チームのメンバーには加えるべきでなく，あくまで調査チームの外に置いておくことが必要です。

■本格調査の段階では独立性を重視

　本格調査は，不祥事の全容や原因を解明するための調査であり，初動調査にも増して，調査対象からの独立性を確保する必要があります。

　社内人材は，調査対象事実からの独立性が高いほど専門性に欠けることになり，独立性と専門性はトレードオフの関係になります。独立性を維持したまま専門性を高めるための方策として，調査チームに外部専門家を招くことを積極的に検討すべきでしょう。

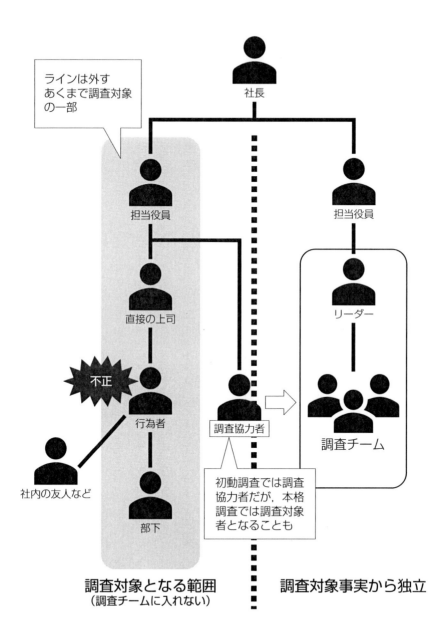

調査チームの専門性

■社内専門人材の活用

　コンプライアンス部門など調査チームの中心となる人員は，総じて不正調査の経験値（調査手法に関する専門性）が高いといえますが，必ずしも調査対象事実に関する専門性（関連する技術・サービス，法規制や会計などに関する知見）が高いとは限りません。また，メールその他のデジタルデータの検証が必要になる場合には，情報システム部門の協力を得ることが必要です。

　そこで，調査チームのリーダーは，部門横断的に社内人材を広く見渡して，①調査対象事実に関する専門性，②調査手法に関する専門性を十分に備えられるように調査チームを組成する必要があります。

■社外の専門家の活用

　さらに，高度な専門性が求められる事案や，そもそも社内に調査対象事実や調査手法に関する専門家が存在しなかったり，不足したりする場合には，外部の専門家を活用します。

　たとえば，弁護士は，事実調査の専門家です。訴訟技術の応用として，立証事実を設定し，客観的資料を分析し，尋問技術を用いてヒアリングを行い，これら証拠を評価して「事実認定」を行うことを専門としています。多くの調査委員会に弁護士が調査メンバーとして入っているのはそのためです。

　会計不正事案では公認会計士，品質不正事案では品質管理に関する技術者や研究者，情報漏えい事案では情報セキュリティの専門業者，デジタルフォレンジック調査が必要な事案ではその専門業者など，それぞれの事案に応じて各領域の専門家を活用して協力を得ます。

　調査チームのリーダーは，社内・社外の専門家の力を調査チームに結集し，精度と粒度の高い調査を実現するため，予算措置も含めた必要なリソースを経営陣から提供してもらう必要があります。

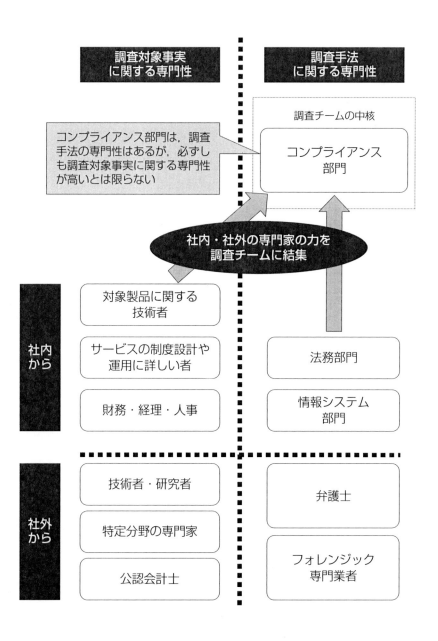

17 調査体制の選択

■調査体制の選択

　調査体制には，大きく分けて，役職員が主体となる「社内型」と，社外の人員が主体となる「社外型」があります。初動調査は迅速性を重視して社内型で行うこととなりますが，本格調査は社外の人員を活用することにより独立性と専門性をさらに高めることも選択肢となります。

■社内型

　役職員だけで調査チームを組成するのが基本形態です（社内型Ⅰ）。専門性・独立性を補完するため，顧問専門家，社外役員，独立専門家と調査を共同する型態もありますが，顧問専門家は業務執行機関との継続的な関係があるので独立性は低く（社内型Ⅱ），社外役員は業務執行機関から独立しているので独立性は高く（社内型Ⅲ），独立専門家は会社と利害関係がないので独立性はさらに高い（社内型Ⅳ）と考えられます。もっとも，独立専門家を起用する場合でも，役職員が主体となっているときは，あくまで社内調査の延長にすぎません。

■社外型

　業務執行機関から独立した社外役員が主体になることが考えられます（社外役員型）。令和元年改正会社法348条の2は，会社と取締役との利益相反状況がある場合，取締役会決議で委託した業務を社外取締役が執行しても社外性を失わないことを明確にしました。取締役会自体の独立性が高まっており，社外役員の専門性も多様化が進んでいることから，法改正を機に，社外役員が調査委員会の委員になることが促進される可能性があります。

　社外役員が独立専門家を調査委員として起用するハイブリッド型もあります。

　内部統制の有効性や経営陣の信頼性に相当の疑義が生じている場合，当該企業の企業価値の毀損度合いが大きい場合，複雑な事案あるいは社会的影響が重大な事案である場合などには，社外役員が調査対象事実から独立しているとは言い切れなくなるので，第三者委員会型が有力な選択肢となります（不祥事対応プリンシプル原則②（巻末資料②））。

		役職員	顧問専門家	社外役員	独立専門家
			独立性	独立性	独立性
			専門性	専門性	専門性
社内型	社内型Ⅰ	●			
	社内型Ⅱ	●	●		
	社内型Ⅲ	●		●	
	社内型Ⅳ	●			●
社外型	社外役員型	―		●	
	ハイブリッド型	―		●	●
	第三社委員会型	―			●

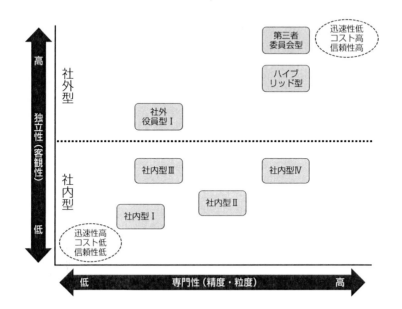

18　子会社の不祥事と親会社の対応

■親会社の対応のあり方

　経済産業省のグループガイドライン4.10.3（巻末資料③）は，子会社で不祥事等が発生した場合における親会社の対応のあり方として，「当該事案の態様（子会社トップの関与等組織ぐるみかどうか）や重大性（ステークホルダーへの影響の程度），子会社における対応可能性（子会社自身によるガバナンスが有効に機能することが期待できるか，体制・リソースが十分か）などを勘案し，グループ全体の企業価値を維持するために特に必要な場合には，グループとしての信頼回復に向け，親会社が不祥事等の原因究明や事態の収束，再発防止策の策定に向けた対応を主導することも期待される」としています。

■「何を調べるか」によって「誰が調べるか」が決まる

　調査主体は，調査対象事実から独立していなければなりません。したがって，「何を調べるか」によって「誰が調べるか」が決まります。

　たとえば，子会社A社の事業部門で不正行為が発見されたとします。この不正行為と，A社における類似の不正行為の有無（①②）を調べるのは，A社の内部統制部門でいいでしょう。

　しかし，発見された不正行為が重大だったり類似の不正行為が多数みつかったとすると，A社の内部統制部門による内部統制は有効だったのか（③）を調べる必要が生じ，これを調べるのはA社の監督機関（取締役会・監査役会等）になります。

　③を調べた結果，A社の内部統制に重大な不備がみつかったとします。ここから，調査対象事実は三方向に拡張されます。つまり，A社の監督機関はしっかり監督していたのか（④），A社以外の子会社に類似の不正行為はないのか（⑤），親会社の内部統制部門によるA社（あるいは子会社全般）に対するグループ内部統制は有効だったのか（⑥⑦）について調べる必要が生じます。

　⑥⑦を調べた結果，親会社の内部統制部門によるA社や子会社全般に対するグループ内部統制に重大な不備がみつかったとすると，A社の監督機関はしっかり監督していたのか（⑧）に調査が及び，調査主体は外部の独立専門家に委ねることになります。

	「何を調べるか」 調査対象事実	「誰が調べるか」 調査対象事実から 独立した調査主体
①	Ａ社の事業部門で発見された不正行為	Ａ社の内部統制部門
②	Ａ社における類似の不正行為の有無	Ａ社の内部統制部門
③	Ａ社の内部統制部門による内部統制の 有効性	Ａ社の監督機関
④	Ａ社の監督機関による監督の有効性	親会社の内部統制部門・ 監督機関
⑤	Ａ社以外の子会社における類似の不正行為 の有無	親会社の内部統制部門・ 監督機関
⑥	親会社の内部統制部門によるＡ社に対する グループ内部統制の有効性	親会社の監督機関
⑦	親会社の内部統制部門による子会社全般に 対するグループ内部統制の有効性	親会社の監督機関
⑧	親会社の監督機関による監督の有効性	社外の独立専門家

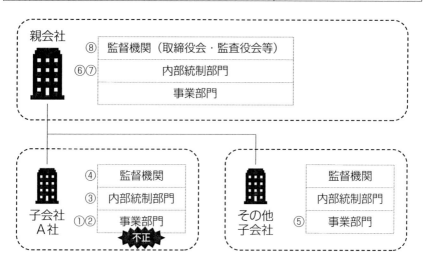

19 適切な調査環境の整備

■資料や情報へのアクセス権限

　不正の全容解明のためには，調査チームが社内の情報に自由にアクセスできる環境が必要です。調査チームが収集する必要がある資料には，個人の人事情報など厳格に保秘されている情報もあり得ますが，調査チームが必要と判断した資料や情報の収集に支障を生じさせない環境整備が必要です。

■他部署の理解・協力

　調査チームは，調査対象部署や関連部署に資料提供やヒアリングへの協力を求めることとなります。しかし，調査対象部署は自分たちの責任問題への発展を恐れて対応に消極的になる場合があります。また，それ以外の関連部署は必ずしも不正の概要を知っているわけではなく，調査チームも調査の密行性確保の観点からこれを説明することが難しい場合があるため，調査の必要性自体に疑問を呈され，思うような協力が得られない場合があります。

■十分な予算措置

　本格調査まで至る事案は，多くの場合で外部専門家の起用が必要となり，当然に相応の費用支出を伴います。このため，調査チームには必要十分な予算が与えられる必要があります。

■経営陣からの支援

　これらの課題を解決するためには，経営陣の支援が必要です。調査実施の事実が社内に周知されている場合には，経営陣から「調査チームの活動は社内の最優先事項であり，すべての従業員は事実や資料を隠すことなく提供し，調査に協力しなければならない」と業務命令を出してもらうことが有効です。また，調査の密行性との関係から上記のような業務命令が難しい事案でも，経営陣から関連部署の責任者に同様の個別の指示を出してもらうことが有効です。

　調査チームにおいては，上記について，早めに経営陣に要請を行い，自ら調査環境を整える努力をすることが求められます。

不祥事対応のプリンシプル［原則①］不祥事の根本的な原因の解明

　不祥事の原因究明に当たっては，必要十分な調査範囲を設定の上，表面的な現象や因果関係の列挙にとどまることなく，その背景等を明らかにしつつ事実認定を確実に行い，根本的な原因を解明するよう努める。

　そのために，必要十分な調査が尽くされるよう，最適な調査体制を構築するとともに，社内体制についても**適切な調査環境の整備**に努める。その際，独立役員を含め適格な者が率先して自浄作用の発揮に努める。

※下線は筆者

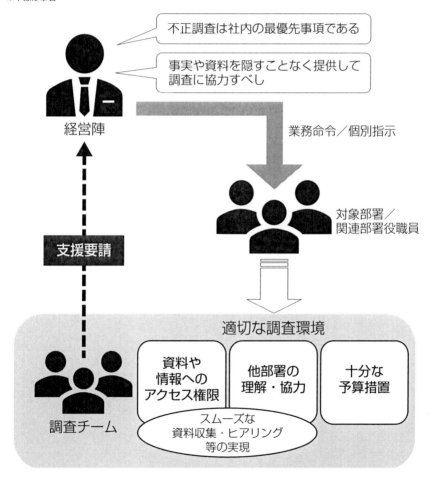

第4章　調査計画の策定

20 調査期限を踏まえた調査計画の策定

■社内調査の調査期限

　経営陣が的確な経営判断を行うためには十分な調査が必要ですが，社内調査に与えられる時間には自ずと限りがあり，調査期限（＝調査チームが調査指示者に調査結果を報告する期限）も事案の内容や会社の状況（取締役会等の重要会議の日程，四半期ごとの決算発表，リーニエンシー制度の利用，監督官庁への報告等）によって自ずと決まります。具体的には，不正発覚直後の初動調査では数日から１週間程度，その後に行われる本格調査でも数週間から１カ月程度というような調査期限が設定される場合が多いのではないでしょうか。

　調査チームは，調査の着手にあたり，上記の調査期限を前提に，その調査期間内で行う調査範囲，調査方法，タスクそしてスケジュールといった調査計画を策定する必要があります。

■調査期限と調査範囲

　会社によって設定された調査期限では不正の全容を解明するような調査を行うことが困難な場合もあるでしょう。特に，数日から１週間程度で行われる初動調査では，すでに発覚している不正の内容を特定するだけで手一杯です。

　このような場合，調査チームは，調査結果の報告に際して，実施できた調査の範囲を明確にした上で，当該調査では実施できなかった調査，さらに行うべき追加調査がある場合にはその内容を明確にすることを意識します。そうすることで，調査結果の報告を受けた経営陣が，さらなる調査（その調査が初動調査であったのであれば本格調査，本格調査であったのであれば第三者委員会調査等）の要否を含めた諸対応について，的確な経営判断を下すことができます。

　必要な調査を尽くすために，調査チームとして，調査期限の延長や調査チームの拡張を求めるべき場合もありますが，調査期限を動かしがたい場合には，与えられた調査期限までに調査を尽くし，経営陣に本格調査などの追加調査の実施という経営判断をさせるために必要な調査結果を示すことが，調査チームの重要な役割となります。

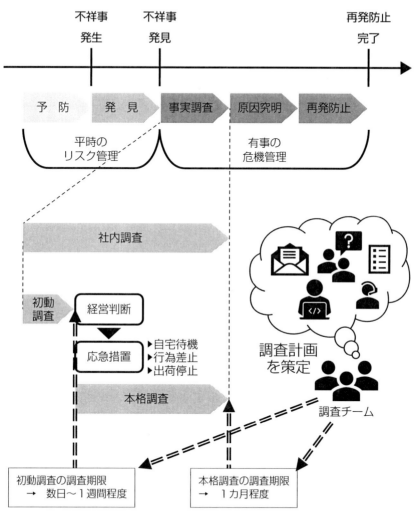

- 事案の内容や会社の状況（取締役会等の重要会議の日程，四半期ごとの決算発表，リーニエンシー制度の利用，監督官庁への報告等）によって調査期限は自ずと決まる

タスクの洗い出しとスケジュールの設定

■必要性

　経営陣が的確な経営判断を行うためには十分な調査が必要ですが，調査期限は通常動かしがたく，会社のリソースには限界もあります。そこで，調査チームは，調査期限の設定後，事案の性質・規模・複雑性，関係者の数，調査要員・予算などの事情を考慮して，実施する調査方法を決定し，タスクの洗い出しと，調査完了日＝調査報告書提出日までのスケジュールを決定します。

■主なポイント

　タスクの洗い出しとスケジュールの設定を行うにあたっての主なポイントは以下のとおりです。

①　調査責任者を組織として決定し，調査チームを組成する。

②　調査チームのメンバーの予定が空いている日・時間帯（スロット）を確保し，これらの日を会合やヒアリングに充てていく。

③　調査領域が複数にわたる場合，担当分けをする。担当者は自身の担当領域の調査報告書のドラフトも担当する。

④　ヒアリング対象者をリストアップし，ヒアリングの難易（社内関係者，退職者，取引先，遠隔地勤務者等）と順序を検討し，スロットに入れ込む。

⑤　デジタルフォレンジックは早期の保全の必要性が高く，分析に相当時間がかかるので，直ちに要否を含めた検討に着手する。

⑥　調査報告書の目次建ては早めに作り，骨子ドラフト，概要ドラフト，本ドラフトというように提出締切日を設け，必要に応じて分担執筆し，調査チーム全体でその内容を検討する。

■初動調査の場合

　不正発覚後，数日から1週間程度で行うような初動調査の場合は，精緻なタスク・スケジュールを組み上げる余裕はないかもしれません。調査チームは他の予定をキャンセルして時間を確保し，関係資料・データを確認し，関係当事者へのヒアリングを行い，報告書にとりまとめた時点で調査期限を迎えるパターンが大半でしょう。

タスクの洗い出し

調査チーム

スケジュールの設定

タスク	1週目	第2週	第3週	第4週
調査チームmtg	●	●	●	●報告
資料検証	→			
フォレンジック	→			
ヒアリング		→		
アンケート	内容検討	配布	回収分析	
ホットライン	内容検討	設置告知	締切	
調査報告書		Ver.1	Ver.2	提出

※期間1カ月の本格調査のイメージ

22 調査手法の検討

調査チームは，調査の着手に際して，採用する調査手法を検討する必要があります。主な調査手法の検討のポイントは以下のとおりです。

■客観的資料・データの検証

書類・帳票・帳簿やデータなどの検証は不正調査の基本です。

■デジタルフォレンジック

PCやサーバーのメールやデータを保全し，必要であればデータの復元を行って，それらデータから不正の証拠を発見する調査手法です。

さまざまな情報がデータで保存されている現代においては，極めて重要な調査手法となっています。右図のとおり，情報システム部門の協力を得ることで，これらデータの内容を把握することが可能な場合もありますので，事案の軽重やデータの重要度に応じて，専門業者によるデジタルフォレンジックを行う必要があるか，情報システム部門とも連携しつつ，判断します。

■関係者ヒアリング

関係者から事実関係や認識を聴取する調査手法であり，ほぼすべての調査で必要となる基本的な調査手法です。

■アンケート調査

全部または一部の社員に対してアンケートを実施し，そのなかで，自身や他の社員の不正への関与の有無や，これらに関連する情報の提供を求める調査手法であり，件外調査（同種事案の有無の調査）の手法として用いられます。対象者数にもよりますが，内容検討・配布・回収分析に相応の時間を要します。

■ホットラインの設置

当該不正に関するホットライン（内部通報窓口）を臨時に設置する調査手法です。件外調査の手法として用いられます。

客観的資料・
データの検証

- ●不正調査の基本
- ●問題となっている不正行為の痕跡がどのような客観的資料に残されているのかを検討し，その資料が収集・取得可能であるのかをさらに検討

デジタル
フォレンジック

- ●現代においては極めて重要な調査手法
- ●会社のサーバーにメールやファイルが保存されている場合，情報システム部門の協力を得ることで，簡易にそれらの内容を把握することが可能な場合も。ただし，この方式ではデータが損壊・改変・消去されてデータの完全性が保たれなくリスクはある
- ●本格的に実施する場合は専門業者への依頼がほぼ必須だが，専門業者による本格的なデジタルフォレンジックには相当程度の費用と期間が必要。少なくとも調査期間が短い初動調査での実施や，軽微な事案での実施は現実的ではない
- ●専門業者に依頼する場合も，情報システム部門の協力は必要不可欠。専門業者への委託要否判断も含めて，同部門と要協議
- ●事案の軽重やデータの重要度に応じていずれを採用するか判断

関係者
ヒアリング

- ●ほぼすべての調査で必要となる調査手法
- ●調査対象者を調査チームでリストアップし，日程調整
- ●対象者が退職者や取引先等社外関係者である場合や，遠隔地に勤務する社員の場合には，ヒアリングの可否と調整方法を検討

アンケート
調査

- ●主として，件外調査（同種事実の有無の調査）として行う調査手法
- ●全部または一部の社員に対して，自身や他の社員の不正への関与の有無やこれらに関連する情報の提供を求める
- ●アンケートの質問項目，実施方法（郵送，web），実施範囲を検討。対象者数にもよるが，相当の工数を要する
- ●アンケートの回収先を法律事務所等の外部専門業者に委託することで，回答者の匿名性を確保しつつ情報提供を募る方法も

ホットライン
の設置

- ●主として，件外調査（同種事実の有無の調査）として行う調査手法
- ●当該不正に関するホットライン（内部通報窓口）を臨時に設置
- ●専用メールアドレスの開設，専用電話回線の設置を検討
- ●ホットラインを法律事務所等の外部専門業者に設置することで，通報者の匿名性を確保しつつ情報提供を募る方法も

第三者に対する調査協力依頼

　調査に際しては，取引先等第三者に対する調査（ヒアリングや資料提供依頼）の要否・可否が問題になる場合があります。

■取引先等第三者に対する調査の要否が問題となる事例

　取引先を介した循環取引やキックバック事案のほか，自社担当者が取引先から金員・商品を詐取・横領して損害を与える「加害」事案，さらに，自社担当者が取引先からセクハラ被害を受ける「被害」事例も考えられます。

■自社での調査を尽くす

　第三者に対する調査協力依頼には，情報の外部漏えいやレピュテーション低下などのリスクも伴います。まずは，自社内で実施可能な調査を尽くして，不正の存在がある程度確実なものとみられる場合に，不正の完全解明のために，第三者に対する調査協力依頼を行うべき場合が大半でしょう。

■進め方

　調査協力依頼を行う場合，どのルートで打診するかを慎重に検討し（一定程度高位の役職者を通じて行うべき場合が大半でしょう），相手方に秘密保持を求めた上で，自社調査の経過とその時点で判明している事実，そして協力を求める調査内容とその必要性を取引先等第三者に説明します。このとき，「この不正の解明は，取引先等第三者の危機管理上も重要である」という認識が共有できると，協力を得やすくなります。

　調査方法としては，自社担当者が直接調査をするのではなく，取引先等第三者側に調査を行ってもらい，報告を受ける方法もあります。

　取引先等第三者には調査応諾義務がないので，任意の協力を求めることとなります。しかし取引先等第三者との間の契約に調査協力義務が定められている場合，これに基づき調査協力を求めることが可能です。また，セクハラ事案の場合，法令上，事業主は，被害者側の会社からの事実確認等の協力要請に応じる努力義務があります。

取引先に確認をしないと不正が特定できない！

① 自社での調査を尽くす
　→　事実の確実性・調査協力依頼の要否を検討
② 適切なルートで調査協力を打診
③ 取引先等に調査・報告を委頼する場合も
④ 取引先等の協力応諾は原則として任意
　→　契約書に規定がある場合は協力義務あり

セクハラ事案の場合，事業主は，被害者側の会社から事実確認等，必要な協力を求められた場合，これに応じる努力義務あり（雇用機会均等法11条 3 項，事業主が職場における性的な言動に起因する問題に関して雇用管理上講ずべき措置についての指針 5 ）

仮説の構築と検証

■「仮説の構築と検証」というアプローチによる調査

　調査に着手した直後の段階では，不正の全容はもちろん，不正の具体的内容やその原因などは判明していないのが通常です。また，調査にあたり，どのような証拠がどこに存在しているのかも判明しておらず，手探り状態となる場合も起こり得ます。このような場合に，やみくもに調査の手を拡げて資料の収集を図ろうとしても，調査の効率性が低下し，結果として，調査の迅速性や十分性が損なわれるおそれがあります。

　そこで，調査チームは，不正の端緒となった情報と，初期段階で入手した客観的資料・データやヒアリング内容などをベースとして，不正の事実関係とその原因について仮説を設定し，これを裏づける資料の入手を試みるというアプローチで調査を進めることが有効です。また，不正の概要が比較的明らかである場合であっても，不正の「縦の拡がり」や「横の拡がり」，そして根本的な原因の究明を行う上で，仮説を設定し，これを裏づける資料や供述の入手を試みることが有効です。調査チーム内で議論を繰り返して仮説を設定し，その仮説を検証する方法で調査を進めていくと，調査に方向感が出て，調査チームの活動にも一体性がもたらされることが期待できます。

■仮説に固執しない柔軟性も必要

　もっとも，資料や供述を入手した結果，最初の仮説が正しくないことが判明したり，仮説の修正が必要となったりする場合は少なくありません。また，仮説をもって調査を進めたがゆえに，仮説の枠外に存在する事実を見落としてしまう危険性もあります。

　仮説はあくまで仮説にすぎません。仮説を立てる場合であっても，常にそれが仮説にすぎないことを肝に銘じ，仮説に沿わない事実や証拠も十分に吟味し，仮説が正しくないことが判明した場合には，仮説に固執せず，別の仮説を立てる柔軟性が必要です。

　もちろん，最終的な事実認定も，仮説をそのまま引き写すのではなく，調査によって得られた証拠に基づいて行うこととなります。

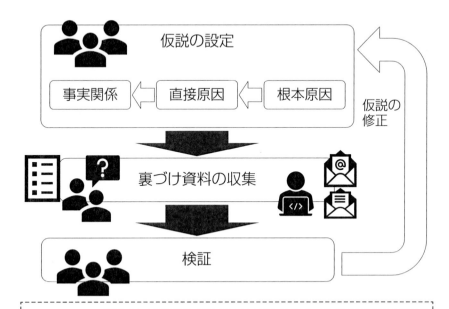

（例1）「上司Bのパワハラにより社員Aが架空売上計上」

【仮説】上司Bの他の部下も同じような架空売上計上を強いられているのではないか？

→　上司Bの他の部下の架空売上の有無を検証（件外調査）

（例2）「社員Aは，業績不正計上の手口を，ある研修会議の折に，他店勤務の同期から教わった」

【仮説】この研修会議出席者の間で不正の手口が拡まっていたのではないか？

→　研修会議出席者の業績内容を検証（件外調査）

キャパシティ・マネジメント

■キャパシティ・マネジメントの必要性

　不正調査には，その不正の規模により，多くの人的資源，費用，ITなどの専門機器・技術等のリソースを必要としますが，その資源は有限ですし，不正発覚直後に行われる初動調査などでは，ごく少人数で，社内の情報管理も徹底しながら調査を進めなければなりません。他方で，調査期限を厳守することも，調査チームにとっては重要なミッションです。

　そのため，調査主任は，報告期限までに必要十分な調査を行うために必要となる調査リソースと，調査チームが利用可能な調査リソースとを常に把握して管理する「キャパシティ・マネジメント」を適切に行う必要があります。

　もし，与えられた調査リソースでは，必要十分な調査結果を調査期限内に示すことが難しいと考えられる場合は，速やかに経営陣にリソースの増強や報告期限の延長を申し入れることを検討します。これらが難しい場合は，いったんは与えられた調査リソースの範囲で行える調査を行った上で，その調査報告において，実施できなかった調査の範囲を明確にし，追加調査の必要性とその範囲・方法を記載して，経営陣に本格調査などの追加調査を実施する旨の経営判断を求めていくことになります。

■キャパシティ・マネジメントの判断軸

　キャパシティ・マネジメントを行う上で重要な判断軸は，当該調査方針による調査の結果が，経営陣による経営判断（初動調査のように，その調査のみでは全容解明に至らない場合には，いかなる追加調査を行うべきかという経営判断を含む）の基礎として十分なものとなり得るかどうか，という視点です。

　このような視点を無視して，調査チームの多忙さなどといった内部的な事情のみを理由として，「手が回らないので調査しない」というような「整理」をすることは，経営陣による経営判断を誤らせる要因となるのみならず，調査チームによる社内調査そのものの実施意義が失われる（改めて社外の専門家によって構成される第三者委員会による調査をイチからやり直さなければならなくなる等）こととなりますので，注意が必要です。

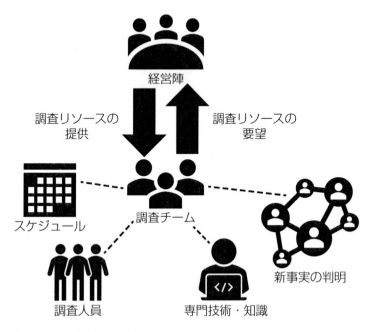

経営陣

調査リソースの提供

調査リソースの要望

スケジュール

調査チーム

新事実の判明

調査人員

専門技術・知識

〈キャパシティ・マネジメントの例〉

【端緒】
- 甲支店のA社員がノルマ達成のため架空売上を計上したことが判明。

【調査の実施】
- A社員へのヒアリングの結果，Aは，「乙支店に在籍していた5年前から架空売上を相当数計上していた。手口は乙支店のCから教わった」と供述。
- C社員へのヒアリングの結果，「乙支店のパワハラ上司のBから指示されて架空売上を相当数計上していた。他にも架空売上を計上していた社員はいたと思う」と供述。
- 上司Bへのヒアリングの結果，上司Bは架空売上の認識・指示やパワハラを否定。

【キャパシティの増強の検討】
- A，C以外にも架空売上が存在している可能性が高く，件外調査を含めて調査範囲を拡大する必要がある。上司Bの認識・指示状況も，デジタルフォレンジック等により精査する必要がある。しかし現在の調査チームのキャパシティでは，AとCの架空売上の調査と認定で手一杯な状況。
  - → 調査リソースの増強を経営陣に至急承認してもらい，報告期限内に調査を完了。
  - → 報告期限の延長を経営陣に承認してもらい，本来の報告期限にはAとCの架空売上を報告。延長された報告期限内にデジタルフォレンジックや件外調査を実施。

第5章 客観的証拠の
保全・収集・検証

26 客観的証拠とは

■客観的証拠の意義と重要性

　社内調査は，証拠を収集・検証して不正に関する事実を認定していく作業ですが，その証拠は，大きく「供述証拠」と「客観的証拠」に分類できます。

　「供述証拠」は，関係者へのヒアリング等によって得る供述を指します。極めて重要な証拠ではありますが，人の記憶・理解に基づくものであるため，記憶違いや思い込みによる供述や，自己の責任を回避するための都合の良い供述がなされる可能性を常に伴います。そのため，供述証拠の信用性は，慎重に吟味する必要があります。

　「客観的証拠」は，議事録，帳票，メール・ファイルなど，主として既に存在している資料・記録・データ等を指します。客観的証拠は，不正事実の痕跡が物自体に記録されたものであるため，供述証拠に比べて，人為的な影響を受けにくいといえます。そこで調査チームは，まずは不正に関する客観的証拠をできる限り収集することで不正に関する事実の枠組みを捉え，これをふまえて供述証拠の収集を行うことで，供述証拠の信用性を検証しつつ，事実を認定していきます。

　もっとも，客観的証拠も，廃棄・改ざん・消去されてしまえば証拠としての価値は失われ，誤った事実認定の要因となります。そこで調査チームは，調査開始後直ちに客観的証拠の保全・収集に着手する必要があります。

■客観的証拠の取扱い

　調査チームは，想定される不正の痕跡がどこにどのような形で残っているかを推測しながら客観的証拠を保全・収集し，それらを多角的に検証し，供述証拠とも照合した上で，事実を認定し，調査後も適切に保管します。

■客観的証拠の類型

　収集・検証すべき客観的証拠の種類は事案によって異なりますが，一般的には，右図のようなものが考えられます。本格調査では，調査対象の拡がりにあわせ，内部統制やガバナンスに関する資料も広く収集・検証の対象とします。

■客観的証拠の調査の流れ

保全・収集 ＞ 検証 ＞ 保管

■客観的証拠の類型

分類	証拠	立証対象
ルール	法令，社内規則・マニュアル	遵守されるべきルールの内容
組織の意思決定	議事録，議事メモ，議事録音，付議資料	会議の存在，出席者の発言内容，決定事項
	稟議・決裁資料	意思決定の存在，意思決定の起案者・決裁者，添付文書
	契約書，発注書，請書	契約内容
人同士のコミュニケーション	メール，SNS，チャット	送受信者間のやりとりの内容，添付ファイルの内容
	報告書	報告者・受領者の認識
	名刺	面識の有無
人の行動	日報，入退館記録，ETC	人の動き
	経費精算記録	人の動き，金の流れ
	手帳，日記，ノート類	対象者の行動
	ファイル，システムログ等のデジタルデータ	不正に関して作成されたファイル，不正に関するシステム上の行動痕跡
資金の移動	伝票，請求書，領収書	金の出入り
	預金通帳，証券口座	金の流れ

客観的証拠の保全・収集

■客観的証拠に関する調査の流れ

　客観的証拠は，不正に関する事実認定を行う上で極めて重要ですが，一方で，故意・過失を問わず，破棄・改ざん・消去されるリスクがあります。また，メールの保存期間に典型なように，文書やデータによっては，一定期間経過後に自動的に破棄・削除されてしまうものもあります。そこで調査チームは，調査着手後直ちに，客観的証拠が破棄・改ざん・消去されないように客観的証拠を保護する「保全」と，それら客観的証拠を検証できるよう，調査チームの手許に集める「収集」を行う必要があります。

■客観的証拠の保全・収集

　客観的証拠が，紙ファイル等物理的に社内に存在している場合，調査チームは，その客観的証拠を保管場所から回収します。回収に際して，保管部署の協力を得る必要がある場合は，経営陣を通じて，保管部署の役職員に対して回収への協力を要請します。破棄・改ざん・消去防止の観点からも，原本の回収が原則ですが，原本を回収すると保管部署の業務に著しい支障が出るような場合には，コピー・写真による取得も検討します。

　客観的証拠がデジタルデータとして社内に存在している場合，調査チームは，情報システム部門と連携し，保全・収集を行います。デジタルデータの取扱いについては，㉘で解説します。

■業務命令による保全

　不正の内容によっては，調査チームが直ちに全証拠を保全・収集することが困難な場合や，どのような証拠があるかが初動段階でわからない場合もあります。このような場合，経営陣や担当役員等の権限者から，関係する役職員に対し，文書やデータの破棄・改ざん・消去を禁ずる旨の業務命令を出してもらうことを検討します。

　社内調査が社内で公になっている場合は，役職員全体に発出します。調査の密行性を確保する必要がある場合は，業務命令を出す範囲を限定します。

■客観的証拠の保全・収集

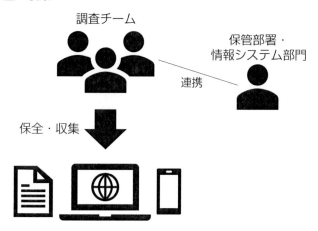

■業務命令による保全

①調査チームが直ちに全証拠を保全・収集することが困難
②どのような証拠があるかが初動段階でわからない

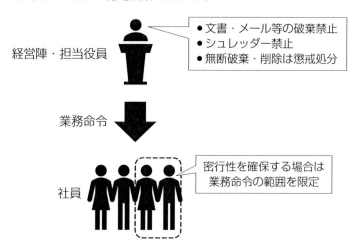

デジタルデータの取扱い

■デジタルデータの特徴

　多くの企業活動がメールやファイル等のデジタルデータを使用して行われているため，不正の痕跡もデジタルデータとして残されている場合が多く，社内調査におけるデジタルデータの重要性も高まっています。他方で，デジタルデータは，改ざん・消去が容易であり，メールのように，一定期間の経過によって自動的に消去されてしまう場合もあります。特に，ビジネスチャットのデータは，早期にサーバーから消去される設定となっている場合が多く，デジタルフォレンジック等の手法による保全・収集の難易度が高いとされています。

　そこで調査チームは，調査開始後，直ちに不正に関するデジタルデータの存否やその内容・性質を把握し，保全・収集に着手する必要があります。

■調査方法

　たとえば，会社のサーバーやクラウド内に，メール，ビジネスチャット，ファイルが保存されている場合，管理者権限をもつ情報システム部門の協力を得て，これらデータを保全・収集します。また，サーバー内のメールやデータが一定の条件で自動的に消去される設定となっている場合，今後の調査範囲の拡張を見据え，関係者のメールやデータが消去されないよう一時的に設定を変更します。さらに，不正行為者のPCやスマートフォンなどのデバイスにデータが存在している場合には，そのデバイスの現物を回収して確保し，情報システム部門と連携して，保全・収集します。デバイスやファイルに対象者しか知り得ないパスワードがかかっている場合には，業務命令としてパスワードを明らかにさせ，確認します。これら保全・収集を行う際の調査権限の限界については，㉜で解説します。

　なお，不正の内容によっては，関係者のメールデータの網羅的な調査や，デジタルデータの復元等といった専門業者によるデジタルフォレンジックが必要となる場合もあります。この場合，調査チームが不用意にデータを取り扱うと，データの完全性が失われ，デジタルフォレンジックの信頼性に悪影響を及ぼすことがあるため，早期に専門業者に相談する必要があります。

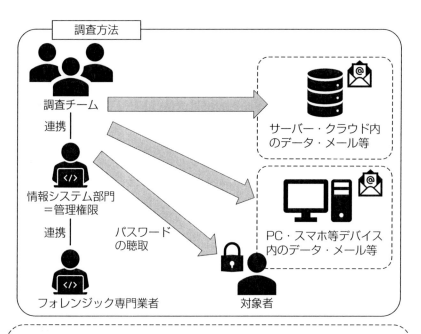

「デジタルフォレンジック」

- デジタルフォレンジック：電子機器等に記録されたデジタル情報を，その証拠価値を失うことなく取り扱うための方法や手続
- PCやサーバーのデータ全体をコピーして保全し，データの処理・解析を行った上でレビューを行い，証拠となるデータをみつけ出す
- 特別の知識・技術を持った専門業者への依頼が必要不可欠
- 専門業者の費用は通常，調査対象端末台数・データ量に応じた従量課金と，メールレビュー等に要した稼働時間×単価のタイムチャージにより構成される。概算費用は数百万円から時には数千万円に上る

～デジタルフォレンジックの一般的な流れ～

《計画》	《保全》	《処理・解析》	《レビュー》
●対象者・対象機器・対象データの決定 ●IT環境の把握 ●スケジュールの特定	●データの保全 ●保全データの確認	●データの処理・復元，パスワード解除 ●レビューシステムへのアップロード ●レビューキーワードの検討	●処理・解析したデータのレビュー

リティゲーション・ホールドの留意点

■リティゲーション・ホールドとは

　米国にある子会社で不祥事が発生した場合など，米国において訴訟に発展する可能性がある場合には，「リティゲーション・ホールド」を意識する必要があります。米国のディスカバリ制度においては，訴訟関係証拠を相手方に提供する義務があり，当事者にはそれら証拠の保全義務が課されます。この保全義務を果たすため，企業が社員などの関係者に訴訟関係証拠を破棄せずに保全するよう通知する制度を「リティゲーション・ホールド」といい，その通知自体を「リティゲーション・ホールド・ノーティス」といいます。

■リティゲーション・ホールド・ノーティスを用いる場面

　訴訟がまだ提起されていなくとも，訴訟が合理的に予測できる状態であれば，リティゲーション・ホールド・ノーティスを行う必要があります。これには，右図の内容が記載されることが一般的です。

■実務上の留意点

　右図のように，米国裁判所から企業に対してサピーナ（Subpoena，文書やデータについての罰則付召喚令状）が出され，企業がサピーナの根拠となっている訴訟やそれに関連する事実について社内調査を開始した事例を想定します。

　このとき，企業は，サピーナで求められる文書保全義務を果たすため，すべての従業員が十分に理解できるような内容で，リティゲーション・ホールド・ノーティスを行うべきです。もし，通知された従業員が通知の内容を理解せずに，サピーナで求められている文書を破棄・削除してしまった場合，保全義務違反として制裁の対象となります。

　また，実施されているリティゲーション・ホールドの内容を常にモニタリングし，現時点で誰にどの文書の保全義務があるか管理することや，社内の文書管理規定がリティゲーション・ホールドに反する内容になっていないか（たとえば○年で対象文書の破棄が義務づけられる等）を確認することも重要です。

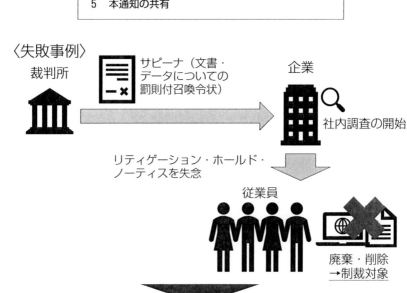

リティゲーション・ホールド・ノーティスを行っていれば，文書の保全義務を果たすことができ，制裁を受けることもなかった。

留意点

①適切なタイミングでリティゲーション・ホールド・ノーティスを送付すること
②どのリティゲーション・ホールドが実施中か，どの文書が保全の対象となっているか，誰が保全義務を有するか等のモニタリング
③社内の文書規程がリティゲーション・ホールドに対応していることの確認

30 **弁護士・依頼者間秘匿特権の留意点**

■ディスカバリ（discovery）

　米国の民事訴訟では，当事者が相手方に訴訟関係証拠の開示を求めることができるディスカバリ制度が存在します。ディスカバリでは，原則として当該訴訟に関連する全情報の開示を求めることができますが，例外的に弁護士・依頼者間秘匿特権の対象となる情報は開示を求めることができません。

■弁護士・依頼者間秘匿特権

　米国等においては，弁護士と依頼者との間で交信された秘密情報について開示することを拒否できる権利が存在し，これを「弁護士・依頼者間秘匿特権」といいます。各国で概ね共通する要件は右図のとおりです。④の放棄については，神戸製鋼検査データ改ざん事件で，会社による調査報告書の公表が秘匿特権の放棄とみなされるおそれがあるとして注目を浴びました。

■日本における"弁護士・依頼者間秘匿特権"の導入

　日本でも，不当な取引制限（独占禁止法3条後段）に関する法的意見について，事業者と弁護士の間で秘密に行われた通信の内容を記載した文書について，一定の要件を満たす場合に，審査官がその文書にアクセスしないこと等を内容とする手続が導入されることになりました。詳細は右図のとおりです。

■社内調査との関係

　弁護士・依頼者間秘匿特権が存在する国の子会社で不祥事が発生した場合，弁護士を社内調査チームに加えることで，法的意見に関する調査チーム内のやりとりを秘匿特権の対象とすることができる可能性があります。

　日本の不当な取引制限に関する秘匿特権についても概ね同様で，特権の対象物件に「弁護士が行った社内調査に基づく法的意見が記載された報告書」が含まれていることから，たとえばカルテルの社内調査を行う場合に，社内調査チームに弁護士を加えることで調査報告書を弁護士・依頼者間秘匿特権の対象とすることができる可能性があります。

〈米国の民事訴訟手続の流れ〉

プリーディング	ディスカバリ	トライアル
訴状，答弁書の交換	当事者による 訴訟に関する情報の開示	集中審理手続

例外：弁護士・依頼者間秘匿特権で
保護される証拠

弁護士・依頼者間秘匿特権の要件

①弁護士と依頼者間のコミュニケーションであること
②秘密のコミュニケーションであること
③法的助言を求める目的で行われるコミュニケーションであること
④秘匿特権が放棄されていないこと

日本で導入される「不当な取引制限」に関する "弁護士・依頼者間秘匿特権" の制度	
対象物件	<ul><li>事業者から弁護士への相談文書</li><li>弁護士から事業者への回答文書</li><li>弁護士が行った社内調査に基づく法的意見が記載された報告書</li><li>弁護士が出席する社内会議でその弁護士との間で行われた法的意見についてのやりとりが記載された社内会議メモ　等</li></ul>
対象外の物件	<ul><li>不当な取引制限に関する法的意見について事業者と弁護士との間で秘密に行われた通信の基礎となる事実を示す資料</li><li>独占禁止法の不当な取引制限以外の規定または他法令に関する法的意見等の内容を記載した資料</li></ul>
要件	<ul><li>提出命令時に事業者が本制度の取扱いを求めること。</li><li>適切な保管がされていること。</li><li>事業者が本制度の取扱いを求める物件ごとに，当該物件の作成日時，作成者の氏名，共有者の氏名，物件の属性（手紙，社内調査報告書等），概要等を記載した文書を一定の期限内に提出すること。</li><li>対象外物件が含まれていた場合は，公正取引委員会に当該物件の写しを提出するか，その内容を報告すること。</li><li>違法な行為を目的としたものでないこと。</li></ul>
社内弁護士について	<ul><li>違反事実の発覚等を契機として，雇用主である事業者からの指示により指揮命令監督下になく，独立して法律事務を行うことが明らかな場合には，社内弁護士とのやりとりに関する文書も秘匿特権で保護される。</li></ul>

（出所）公正取引委員会：「事業者と弁護士との間で秘密に行われた通信の取扱いについて」

企業の調査権限と従業員の調査協力義務

■企業の調査権限の法的根拠

　調査チームは客観的資料の提出やヒアリングへの対応を指示する権限をもち，従業員はこれに協力する義務を負います。

　企業が不正調査を行うことができる法的根拠は，企業の「秩序維持権」にあるとされています（富士重工事件・最判昭52・12・13参照）。すなわち，組織体である企業は，業務執行の一環としての秩序維持権を当然に有しており，法令・その他の社内規則の定めがなくとも，企業秩序維持を目的とする不正調査および証拠収集を行う権限を有するとされています。

　従業員は，企業の不正調査および証拠収集に協力する法的義務を負い，義務を果たさない場合（資料の提出やヒアリングの拒否）は，業務命令違反として懲戒処分の対象となり得ます。

■従業員の調査協力義務

　しかし，企業の調査権限は無制限ではなく，従業員の調査協力義務も無制限ではありません。上記判例は，従業員が調査協力義務を負う場合として，以下の2つの分類を挙げています。

① 　当該社員が，他の社員に対する指導，監督ないし企業秩序の維持を職責とする者であって，同調査に協力することがその職務の内容となっている場合

② 　①以外の社員の場合は，違反行為の性質，内容，当該社員の違反行為見聞の機会と職務執行との関連性，より適切な調査方法の有無等諸般の事情から総合的に判断して，調査協力が労働提供義務の履行上，必要かつ合理的と言える場合

　企業としては，上記の範囲で従業員に調査協力を求めることになります。

　従業員の調査協力義務を明確にするため，就業規則等に，「従業員は，会社が不正調査を行う場合には，自分が知っている事実を正確かつ漏れなく述べ，誠実かつ積極的に調査に協力する。」と規定しておくことも考えられます。

〈富士重工事件：事案の概要〉

> Y社は，従業員AおよびBの就業規則違反行為について調査を行っていた。Y社が，従業員Xに対して，事情聴取を行った際，Xは，Aに頼まれてハンカチを作成した旨答えたほか，「何枚作りましたか」との問いに対しては「わかりません」「原水禁富士重工内実行委員会とはどういうものですか」との問いに対しては「どうして，そういうことを聞くのですか」「答える必要がありません」と返答を拒否し，その後は答えるように説得されても，ほとんど答えなかった。
> Y社は，Xが調査に非協力であることを理由に，Xを譴責処分とした。
> これに対し，Xは，譴責処分は無効である旨主張した。

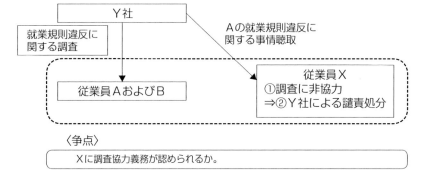

〈争点〉

> Xに調査協力義務が認められるか。

〈判決のポイント〉

> 「企業秩序に違反する行為があつた場合には，その違反行為の内容，態様，程度等を明らかにして，乱された企業秩序の回復に必要な業務上の指示，命令を発し，又は違反者に対し制裁として懲戒処分を行うため，事実関係の調査をすることができることは，当然のことといわなければならない。」

> 「当該労働者が他の労働者に対する指導，監督ないし企業秩序の維持などを職責とする者であつて，右調査に協力することがその職務の内容となっている場合には，右調査に協力することは労働契約上の基本的義務である労務提供義務の履行そのものであるから，右調査に協力すべき義務を負うものといわなければならないが，右以外の場合には，調査対象である違反行為の性質，内容，当該労働者の右違反行為見聞の機会と職務執行との関連性，より適切な調査方法の有無等諸般の事情から総合的に判断して，右調査に協力することが労務提供義務を履行する上で必要かつ合理的であると認められない限り，右調査協力義務を負うことはないものと解するのが，相当である。」

> なお，事案の結論としては，従業員Xが調査に協力することが，労務提供義務の履行にとって必要かつ合理的であったとは認めがたいとして，Xの協力義務を否定した。

32 証拠収集と従業員のプライバシー

　証拠収集の必要性・合理性を検討する際，最も問題となるのは社員のプライバシーとの関係です。以下では，調査対象となる物や場所という観点から，考え方を整理します。

■会社貸与物か私物か

　会社が所有し，社員に貸与しているPC，携帯電話・スマートフォン等は，内部のデータも含めて基本的に会社の資産であり，会社に管理権限があります。その利用目的も会社の業務目的に限られ，社員の私的利用は基本的に想定されていません。したがって，調査チームは，原則として，社員の同意なく，内容の収集や検証を行うことができます。会社のサーバー内に保存されているデータについても同様です。

　もっとも，収集・検証時のトラブルを防ぐため，会社貸与PC等は会社の業務目的に限って使用すべきこと，データについては会社が社員の同意なく収集や検証をする場合があることを規程化して周知しておくべきでしょう。

　これに対し，社員の私物は，会社に管理権限はなく，原則として，その収集や検証には社員の同意が必要です。そもそも，私物を業務に利用することは公私の境界を曖昧にするので，禁止しておくべきでしょう。

■会社の管理領域内か私的領域内か

　たとえ会社所有物であっても，それが社員の私的領域内（社員の自宅や，私物のかばん内等）に存在していれば，収集や検証のための立入・開被・確認には，社員の同意が必要です。業務用机の引出しやキャビネなどの収納設備については，社員ごとに割り当てられていても社員の私的領域ではないと考えられます。しかし，私物の保管が許容されている更衣室の個人ロッカーは，プライバシーの要保護性があるので，その開被・確認には本人の立会を原則とすべきであり，緊急性が高く本人の立会を得ることが困難な場合には，必要以上にプライバシーを侵害しない配慮の下で，本人の立会なく開被・確認することも例外的に許容されると考えられます。

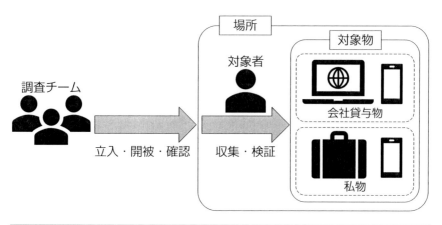

場　　所				対象物	
立入・開被・確認する場所	領域	立入・開被・確認に対する対象者の同意		属性	収集・検証に対する対象者の同意
業務用机の引出しやキャビネ	会社	不要	社員ごとに割り当てられていても原則として社員の私的領域ではないと考えられるため，対象者の同意不要	会社貸与物	不要
				私物	必要
私物の保管が許容されている更衣室の個人ロッカー	会社	原則立会例外不要	プライバシーの要保護性があるので，開被・確認には本人の立会を原則とすべき。ただし，緊急性が高く本人の立会を得ることが困難な場合には，必要以上にプライバシーを侵害しない配慮の下，本人の立会なく開被・確認することも例外的に許容	会社貸与物	不要
				私物	必要
私物カバン	社員	必要	私的領域であり，開被・確認には同意必要	会社貸与物	不要
				私物	必要
自宅	社員	必要	私的領域であり，立入・開被・確認には同意必要	会社貸与物	不要
				私物	必要

33 **不当な証拠収集とリカバリー**

■違法・不適切な証拠収集

　調査チームは，違法・不適切な方法による証拠収集は行ってはなりません。調査チームが違法・不適切な証拠収集を行うと，調査結果の信用性が揺らぎます。また，不正行為者に対する責任追及を行う際に証拠として使用できない（証拠能力が認められない）こととともなりかねず，さらには調査チームや会社が法的責任を問われる場合もあります。

■瑕疵の治癒と遮断

　万が一，違法・不適切な方法で収集した証拠があり，どうしてもその証拠を事実認定に用いざるを得ない場合には，「瑕疵の治癒」（証拠収集過程において，対象者のプライバシー権等が侵害された場合に，事後的に承諾を得ることで当初の証拠収集過程の違法性や不当性を除去する方法）や，「瑕疵の遮断」（証拠収集を再度適切な方法でやり直すことにより，当初の瑕疵ある証拠収集手続の影響を遮断する方法）によって，違法・不適切な状態を解消します。

　たとえば，私物保管も許容している更衣室内のロッカーを，緊急性が全くないにもかかわらず社員の立会なく開被・確認し，社員の私物PCを収集したというような場合，真摯な説明と謝罪を尽くした上で，①緊急性がないにもかかわらず社員の立会なくロッカーを調査した行為について社員から事後的に承諾を得る（瑕疵の治癒）ことに加えて，②私物PCは一度従業員に返還した上で，改めて当該私物PCを提出してもらう（瑕疵の遮断）というケースが考えられます。

　ただし，これらはあくまで例外的な措置であり，これらの措置を行うにあたっては，対象者に対して違法・不適切な方法で証拠を収集した経緯を真摯に説明し，謝罪もした上で，改めて真意に基づく同意を取得する必要があります（この経過は記録に残す必要があります）。もし，同意等が得られない場合には証拠収集は断念せざるを得ず，仮に証拠の中身を見てしまっていたとしても，その証拠に基づいて事実認定することは許されません。

■違法・不適切な証拠収集の例

違法・不適切な 証拠収集の例	違法・不適切な証拠収集を行った者の法的責任
従業員の私物を同意なく 収集・検証	• 民事責任：不法行為に基づく損害賠償責任 　（民法709条） • 刑事責任：窃盗罪（刑法235条）
本人の同意なく，自宅に 上がり込む	• 民事責任：不法行為に基づく損害賠償責任 • 刑事責任：住居侵入罪（刑法130条前段）
本人になりすまして通信 記録等を取得	• 民事責任：不法行為に基づく損害賠償責任 • 刑事責任：不正アクセス防止法違反

※上記の場合，会社も債務不履行や使用者責任に基づく損害賠償責任を負う可能性がある（民法415条，715条）。

■瑕疵の治癒・遮断

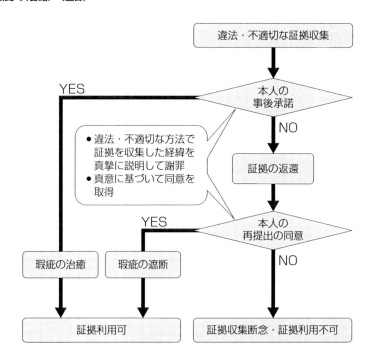

34 客観的証拠の検証

■保全・収集した客観的証拠の検証

　調査チームは，保全・収集した客観的証拠を読み込み，そこから認定できる事実を積み重ねていきます。客観的証拠のなかに未収集の客観的証拠の存在を窺わせる記載がある場合には，その客観的証拠をさらに保全・収集していきます。不自然な客観的証拠がある場合は，その証拠が改ざん・ねつ造されたものではないか作成名義人に確認をとり，データであればプロパティを確認するなどして，慎重に検証します。客観的証拠が他の証拠と整合しない場合や，あるべき客観的証拠が存在しない場合には，整合しない理由や存在しない理由を確認します。また，紙ファイルなどの客観的証拠には，手書きメモやふせんなどに重要な情報が記載されている場合もあることに留意します。

　さらに，客観的証拠によって把握した事実関係を元に関係者に対するヒアリング事項を検討し，関係者にヒアリングを実施したら，客観的証拠でその供述の裏づけをとります。関係者の供述と客観的証拠の内容が整合しない場合には，なぜその供述が客観的証拠と整合しないのか，さらに質問して確認します。ヒアリングの成否は，客観的証拠の検証が十分にできているかどうかによって決まると言っても過言ではありません。

■検証の方法

　調査チームが保全・収集する客観的証拠はときに膨大な量となり，その内容も，不正を直接裏づけるような証拠から，全く無関係な証拠まで，多岐にわたることとなります。そこで，保全・収集した客観的証拠の内容を一覧化し，その内容を調査メンバー間で共有するために，右図のような証拠リストを作成していくことが有益です。

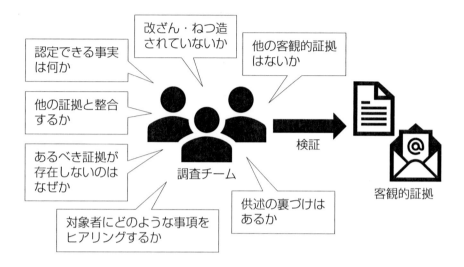

「証拠リスト」の例

No	項目	作成者	作成日	内容	備考
1	●●宛○○と題するメール	従業員A	○年○月○日	○○の事実を●●に報告している事実	●●からの返信は，No.6
2	○年○月○日付け仮払い金出金簿	従業員B	○年○月○日	従業員Bが従業員Cに対し，現金○○円を仮払い名目で手渡した事実	
3	○年○月○日，××コンサル発行の領収書	××コンサル	○年○月○日	××コンサルに対し，現金○○円を支払った事実	コンサルの実態はない
4	○年○月○日付取締役会議事録	従業員C	○年○月○日	取締役X，取締役Y，取締役Zが，○○の事実の報告を受けていること	W取締役は欠席
5	…	…	…	…	…

第6章　関係者ヒアリング

関係者ヒアリングの意義・目的

■主な意義・目的

　ヒアリング全般に共通する主な意義・目的は，①客観的証拠のみからはわからない事実関係の隙間を埋めること，②客観的証拠について記載内容の意味を説明させること，③対象者の動機，意図，心情を明らかにすること，にあります。以下では，ヒアリングの類型に応じた獲得目標について説明します。

■調査の初期におけるヒアリング

　不正の概要や前提となる知識（品質不正であれば製造・検査工程の流れ）を把握するためのヒアリング（類型①）を行います。質疑形式のほか，対象者による説明やプレゼンテーション形式を取ることが考えられます。調査チームのメンバーは，不正の概要を把握するため，できるだけ多く参加します。

■調査がある程度進んだ段階におけるヒアリング

　不正の概要や前提となる基礎知識を把握したら，次に事実関係を詳細に把握するためのヒアリング（類型②）を行います。調査チームの手控えとして時系列表を作るなどして，事実確認の抜け漏れがないよう，細かくヒアリングします。

■行為者に関与や認識を認めさせるヒアリング（類型③）

　言い逃れができないような客観的証拠を十分に揃えておき，対象者が真実を話しやすいよう，ごく少人数でヒアリングを実施するなどの工夫をします。役員，管理職レベルの職位の者が対象者となる場合，ヒアリングを実施する側もある程度の職位の者が行ったほうが，お互い話しやすい場合が多いでしょう。

■調査終盤におけるヒアリング

　調査終盤のヒアリングには，対象者に何が悪かったかを理解させて反省を促す機能もあります（類型④）。また，調査終盤のヒアリングでは，原因分析と再発防止に必要な点について対象者の意見を聞き，調査チームとして検討中の原因分析，再発防止策の正しさや実効性を検証することもあります（類型⑤）。

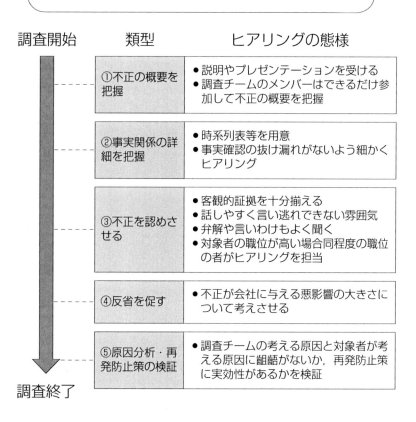

ヒアリング全般に共通する主な意義・目的
①客観的証拠のみからはわからない事実関係の隙間を埋める
②客観的証拠について記載内容の意味を説明させる
③対象者の動機，意図，心情を明らかにする

調査開始	類型	ヒアリングの態様
	①不正の概要を把握	● 説明やプレゼンテーションを受ける ● 調査チームのメンバーはできるだけ参加して不正の概要を把握
	②事実関係の詳細を把握	● 時系列表等を用意 ● 事実確認の抜け漏れがないよう細かくヒアリング
	③不正を認めさせる	● 客観的証拠を十分揃える ● 話しやすく言い逃れできない雰囲気 ● 弁解や言いわけもよく聞く ● 対象者の職位が高い場合同程度の職位の者がヒアリングを担当
	④反省を促す	● 不正が会社に与える悪影響の大きさについて考えさせる
	⑤原因分析・再発防止策の検証	● 調査チームの考える原因と対象者が考える原因に齟齬がないか，再発防止策に実効性があるかを検証

調査終了

36　対象者の選択と話を聞く順序

■対象者の選択

　関係者が複数人いる場合，対象者の選択と順序にも工夫が必要です。限られた時間のなかで実効的な調査を行うためには，過不足のない人選を心がけます。不正の行為者，被害者等の当事者のヒアリングは必須です。また，当事者以外であっても，不正の目撃者，不正を知りながら放置していた者，業務上不正の当事者との関わりが多かった者等にもヒアリングを行います。

　不正の縦の拡がり＝組織性を確認するため，行為者の上司にも認識の有無を確認します。上司が部下の不正を認識しながら止めなかったのであれば共犯に近いといえ，仮に知らなかったとしても管理責任が問題となります。不正の規模によっては，内部統制に不備がなかったかを確認し，原因，再発防止策を検討する観点から，管理部門の役職員等も対象者になり得ます。

　当事者等，不正と関わりの深い人物については，複数回のヒアリングを行う場合もあります。その場合には，ヒアリング前に前回や前々回のヒアリング録をよく読み直し，供述の変遷や矛盾点に気づけるよう準備をします。

■話を聞く順序

　一般的には，不正について一番詳しい人物から順にヒアリングを行います。被害者と加害者がいる場合には，まず被害者から行うべきです。

　不正の行為者の周辺者が協力的であり，不正の行為者に内密に周辺者のヒアリングを進められるようであれば，周辺者のヒアリングにより不正の内容を固めた上，最後に不正の行為者に不正への関与や認識を認めさせるヒアリングを行うという手法もあります。

　共犯者がいる場合には，共犯者間で口裏合わせが行われないよう，同時刻に別の場所で各人へのヒアリングを実施するといった工夫も考えられます。その場合，調査チームの間では，それぞれがヒアリングを行っている対象者がどのような供述をしているか情報共有しながら進められるとなおよいでしょう。

【対象者の選択（営業部門における不正の例）】

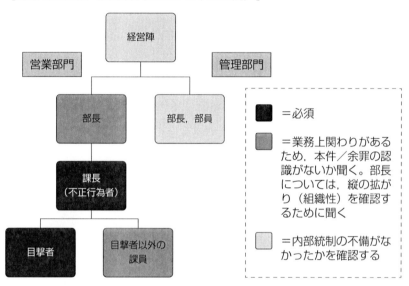

【ヒアリングの順序】

類型	ヒアリングの順序
一般的な場合	● 不正について一番詳しい人物から ● 被害者→加害者
不正行為者の周辺者が協力的な場合	● 周辺者のヒアリングにより不正の内容を固める ● 最後に行為者に不正への関与や認識を認めさせるヒアリングを行う
共犯者がいる場合	● 口裏合わせ防止のため，同時刻に別の場所で実施 ● 調査チーム間では情報共有

37　時間と場所の設定

■不正調査は会社の業務執行の一環

　不正調査は，会社の業務執行の一環として実施するものです。

　したがって，ヒアリングの時間と場所は，会社の業務執行として適切な態様で設定しなければなりません。

■時間の設定

　会社の業務執行の一環である以上，基本的には，ヒアリングの時間帯は対象者の業務時間内に設定します。もっとも，ヒアリングを受けていることが周囲に伝わらないよう配慮が必要な場合には，場所や呼出し理由を工夫するほか，業務時間外に実施することも選択肢となります。対象者が内部通報者の場合には，ヒアリングの実施を周囲に悟られないよう，特に注意が必要です。

　そして，業務時間外に実施する場合には，時間外手当の支給が必要です。もっとも，時間外手当の支給により，上司等に残業の事実が知られる可能性があり，そこからヒアリングの実施が伝わることが懸念される場合には，時間外手当の支給方法，支給時期等について本人の希望を確認する必要があります。

　また，ヒアリングが長時間に及ぶ場合には，対象者に休憩，食事の時間等を認めなければなりません。

■場所の設定

　会社の業務執行の一環である以上，ヒアリングの場所はオフィス内で設定することが原則です。その場合も，ヒアリングの実施を他の役職員に知られないよう，普段対象者が働いている場所から離れた会議室を確保するなどの配慮が必要です。

　オフィス内ではこのような配慮を行うことに限界がある場合には，オフィス外の，落ち着いてヒアリングができ，プライバシーが確保される場所（貸会議室等）で実施することも考えられます。

　会社の業務執行の一環である以上，移動に要する交通費も会社が負担することになります。

大前提：不正調査は会社の業務執行の一環

ヒアリングの時間と場所は，会社の業務執行として
適切な態様で設定しなければならない

時間

- 時間帯は対象者の業務時間内に設定
- 配慮が必要な場合は業務時間外も検討
- 業務時間外に実施した場合，時間外手当を支給
- 時間外手当の支給方法・時期にも注意
- 長時間に及ぶ場合，休憩や食事時間を設定

場所

- オフィス内で実施することが原則
- 他の役職員に知られないよう会議室等で実施
- オフィス内では配慮に限界がある場合は外部貸会議室等も検討
- ヒアリング場所までの交通費は会社負担

38 事前準備

■ヒアリングの日程調整，対象者への告知

　ヒアリングの実施を対象者にどのように伝えるかにも注意が必要です。

　証拠隠滅の恐れや，ヒアリングに素直に応じない可能性がある場合には，ヒアリングではなく会議や面談を開催するなど別の予定を設定して呼び出すことが考えられます。

　証拠の収集がすでに完了している場合や，対象者がヒアリングを拒否する恐れが少ないような場合には，ヒアリングの目的や趣旨をあらかじめ伝えます。

　その上で，不正行為の当時の状況が確認できるスケジュール表や，不正に関するデータを持ってきてもらうようにすると，「資料を確認しないとわからない」という回答を減らすことができ，効率的なヒアリングが可能になります。

　対象者が持参した資料は，調査チームに提供するよう依頼します。

■ヒアリングの事前準備

　ヒアリング前には，収集した客観的証拠を再度丹念に検証します。このとき，必要であれば，時系列表や各当事者の主張の対照表等も準備します。時系列表の作成には，全体のストーリーが理解しやすくなる，複数の行為の先後関係が明確になることで，ある行為が行われた動機や経緯がわかる，対象者の説明の矛盾点に気づけるといった利点があります。

　その上で，ヒアリングで質問する事項を列挙したヒアリング事項を作成します。聞き漏らしがないよう質問を準備することは重要です。しかし，いざヒアリングが始まると，思いもよらない方向に話が進んだり，対象者から新たな事実が出てきたりする可能性もあるので，臨機応変に対応できるよう，ヒアリング事項は作りこみすぎないほうがよいでしょう。

　対象者に証拠を見せたほうが説明がしやすくなったり，対象者が不正を認めざるを得なくなったりする場合には，対象者に見せるための証拠を手元に準備した上でヒアリングに臨みましょう。その際，対象者に証拠を見せることで，証拠提供者に不測の不利益を及ぼすおそれがないか，あらかじめ十分検討しましょう。

①ヒアリングの
日程調整

- 証拠隠滅の恐れ，ヒアリングに素直に応じない可能性がある場合，別の予定を設定して呼び出す
- 上記の恐れが小さい場合，ヒアリングの趣旨をあらかじめ伝え，必要な資料を持参してもらう

②客観的証拠を
再度丹念に検証

- 必要に応じて時系列表や，各当事者の主張の対照表を作成して整理

③ヒアリング事項を
作成

- 聞き漏らし防止
- 臨機応変に対応できるよう作りこみすぎない

④提示用の証拠を
準備

- 記憶喚起のため
- 言い逃れができないようにするため
- 証拠提供者に不利益が生じないかあらかじめ検討

39 対象者の要望への対応

　対象者にヒアリングの実施を告知した際，寄せられることの多い要望と，対応方法の一例を紹介します。

■体調・精神状態が不安

　対象者が精神的に不安定であったり，体調が優れなかったりする場合があります。ヒアリングの趣旨は事実確認であり，対象者を糾弾する場ではないことを説明した上，可能な範囲でヒアリングの時間を短縮すること，休憩をはさむこと，対象者と親しい人物を同席，隣室で待機させること等が考えられます。

■多忙で時間がとれない

　ヒアリングの重要性を認識しておらず，業務を理由にヒアリングを断られる場合があります。このような場合には，経営陣から，不正調査への協力を最重要の業務として対応するよう業務命令を出してもらったり，対象者と同格以上の職位の者がヒアリングを担当したりすることが考えられます。

■事前に質問内容を知りたい

　事前に質問内容を知りたいといわれても，ヒアリングで対象者の率直な認識を確認するため，基本的に「調査の秘密」を理由に教えません。もっとも，証拠隠滅，口裏合わせや言いわけの用意などが懸念される場合以外は，質問の概要を伝え，必要な資料を用意してもらったほうが効率的な場合もあります。

■弁護士を同席させたい

　基本的には同席を認めて構いません。弁護士を同席させたいといわれると身構えてしまいがちですが，弁護士が調査チームの質問の意図を対象者にかみ砕いて説明してくれる等，調査にとってプラスに働く場合もあります。もっとも，対象者に代わってほとんど弁護士が回答しようとする場合等は，あくまで対象者に質問しているので本人に答えさせてくださいと注意します。

想定される要望　　　　　　　　　対応例

体調・精神状態
が不安，長時間
のヒアリングに
不安がある

- 趣旨を説明
- 短時間，休憩をはさむ
- 対象者と親しい人物の
  同席，待機を許可

大口取引のため
に多忙，
ヒアリングの時
間がとれない

- 経営陣から不正調査へ
  の協力を最優先に対応
  するよう業務命令
- 対象者と同格以上の人
  物を担当者にする

資料の準備もあ
るので，事前に
質問を知りたい

- 基本的には「調査の秘
  密」を理由に教えない
- 例外的に概要を伝えて
  効率を上げる

不利なことを供
述させられない
か不安，弁護士
を同席させたい

- 同席を認めてよい
- 対象者に代わって弁護
  士ばかりが話そうとす
  るときは注意する

40 冒頭説明

■注意事項説明

　ヒアリングの冒頭では，事案の概要，調査チームの立場（次項参照），不正調査のために必要な事項を質問するというヒアリングの趣旨，ヒアリングで得た情報の使用目的（真実発見，真相解明等）を説明し，対象者が，なぜ自分がヒアリングに呼ばれたかを理解した上でヒアリングに臨めるようにします。

　また，ヒアリングの内容を他の役職員などの第三者に一切口外しないよう指示します。

　43で解説するヒアリングの録音は，これら説明部分を含めて行うべきです。

■調査チームの立場を明確にする

　ヒアリングを実施する際，対象者が，調査チームは自分の話を聞いてくれる「味方」なのだと勘違いをする場合があります。特に，不正の被害者や内部通報者のなかには，このような勘違いをする人が散見されますので，調査チームは，自分たちはあくまで会社のために調査を実施する存在であるということを明確に説明しておく必要があります。

　この点の説明が不十分であったり，誤解を与えるような説明をすると，後で対象者との間でトラブルになる場合があります。不正に関する社内調査で，中立的な立場でヒアリングすると説明した弁護士が，後日紛争が法的手続に移行した際に，会社側の代理人に就任したケースについて，ヒアリング対象者から弁護士が懲戒請求を受けたこともあります。

　これに関連して，米国では，弁護士（社内弁護士を含む）が従業員に対して不正調査の一環としてヒアリングを行う際，弁護士は会社の代理人であって対象者の代理人ではないことや，このヒアリングの内容について，会社は弁護士・依頼者間秘匿特権による保護を受け，対象者はその保護を受けないことについて，対象者に理解を促して誤解を与えないよう警告を行うべきとされています（いわゆる「アップジョン警告」）。

【注意事項説明】

- 事案の概要
- 調査チームの立場
- ヒアリングの趣旨
- ヒアリングで得た情報の使用目的
- 内容を他の役職員などの第三者に一切口外しないよう指示

調査チーム　　　　　　　　　　　　　　　　　ヒアリング対象者

【調査チームの中立性が問題となったケース】

【ヒアリング段階】
私たちは会社側でもあなた側でもなく「中立」ですから，何でも話してください。

【法的手続段階】
私たちは会社を「代理」して，あなたの法的責任を追及します。

調査チーム
弁護士

中立というから信じて話したのに！

ヒアリング対象者

ヒアリングの技法

■ヒアリングの技法

　ヒアリングは，不正調査の中でも非常に重要な調査手法ですが，担当者の技量により，得られる情報の範囲に大きな相違が生じてしまいます。

　ヒアリング担当者はヒアリングを実施する際，以下のような注意点を念頭に置きながら質問するとよいでしょう。

■質問の仕方

　ヒアリングでは，周辺的な事項の質問から始めて，徐々に核心に迫るよう質問していきます。質問の仕方は，「はい／いいえ」で答えさせるクローズドクエスチョンではなく，「○○について知っていることを話してください」というようなオープンクエスチョンを用いて対象者に話させるようにします。クローズドクエスチョンを用いると，担当者が対象者の回答を誘導しがちになり，また，こちらが想定している以上の情報を得ることが難しくなります。その点，オープンクエスチョンを用いると対象者が自由に話せるため，調査チームが把握していなかった情報を多く獲得することができます。

　また，オープンクエスチョンで質問した後には，５Ｗ１Ｈを意識して追加の質問をしていくことで，聞くべき情報を聞き漏らすことが少なくなります。

■その他の注意点

　ヒアリングをスムーズに進めるため，最初は，対象者が警戒心や反感を抱く可能性の少ない質問（たとえば職歴や現在の職務内容等）から始めましょう。

　また，ある供述について，それが事実なのか推測なのか，対象者が実際に経験したことなのか，人から聞いたことなのか等を，しっかり区別しながら話を聞く必要があります。

　行為の動機等を明らかにするためにも，不正調査では各事実の先後関係が重要です。ヒアリングにおいても，既知の事実との先後関係，ヒアリングで判明した複数の事実の間の先後関係の確認を忘れてはなりません。

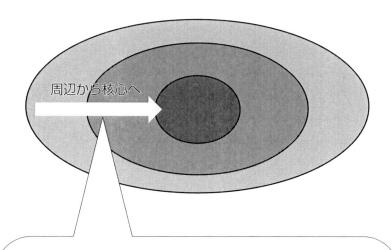

オープン クエスチョン	5W1Hを 意識した質問
● 対象者が警戒心，反感を抱く可能性の低い質問からスタート ● 対象者に自由に話させる	● オープンクエスチョンで聞いた内容の詳細を確認 ● 聞くべき情報を聞き漏らすことを防止

【その他の留意点】
✓推測と事実，対象者の経験と人から聞いた話を区別
✓事実同士の先後関係を確認

42 免責約束，社内リーニエンシー

■免責約束

　調査に協力すれば懲戒処分を減免するという免責約束を交わす場合があります。これにより，対象者が処分を恐れることなく，重要な事実を語り出す場合もあります。

　例えば，不正の縦の拡がりを明らかにしたい場合に，上司に不正を行わされた部下に免責約束をして，真実を話してもらうことなどが考えられます。この場合，免責の手続，効果について事前に社内で調整した上，対象者に丁寧に説明することが必要です。懲戒処分の減免につられて対象者が安易に不正を認めると，事実認定を誤る恐れがある他，利益誘導が行われたと認定され，供述の信用性が否定される場合もあります。免責約束を交わした場合には，特に，対象者の供述が客観的証拠と整合しているか慎重に確認しましょう。

■社内リーニエンシー

　個別のヒアリング対象者と交わす免責約束と異なり，調査の初期段階で，全社に幅広く不正の自己申告を募り，申告者に対して懲戒処分の減免等を行う制度が社内リーニエンシーです。実施が想定される代表的な場面として，公正取引委員会への談合カルテルのリーニエンシー申請や検察庁との司法取引を行う場合があります。

　談合カルテルについては，公正取引委員会が課徴金減免制度（リーニエンシー）を活用して談合カルテルの情報を取得するのと同様に，企業においても社内リーニエンシーを設ける例があります。課徴金減免制度は，申請が早ければ早いほど受けられる恩恵も大きいため，早期に談合カルテルの存在を把握するために，社内リーニエンシーの意義も大きなものになります。

　司法取引についても，早期に不正を把握できれば，企業主導型（企業と捜査当局の合意により役職員個人が訴追される類型）の司法取引も含め，複数の選択肢の検討が可能になるため，社内リーニエンシーの活用が期待される領域です。

　いずれも密行性が重要なので，役職員に情報提供を呼びかける際には，寄せられた情報をリーニエンシー申請や司法取引に使用することは伝えないようにして情報管理に努めます。

【免責約束】

　ヒアリング対象者に対し，懲戒処分の減免というメリットを与えて，調査への協力を引き出す

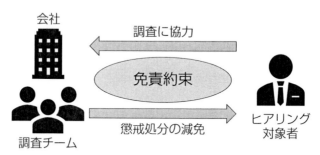

【社内リーニエンシー】

　特定の不正行為に関する情報を全役職員から幅広く収集する。談合カルテルのリーニエンシー申請や司法取引を会社として行う場合などへの活用が想定される

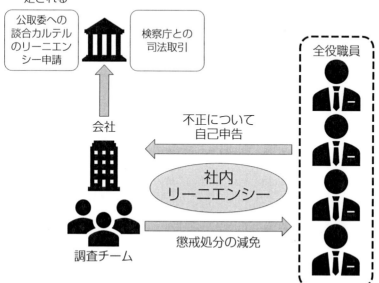

 **録　音**

■録音の目的

　録音の目的は，ヒアリングの内容を記録に残すこと，ヒアリング録を作成する際に確認すること，重要な供述がどのようになされたか後で聞き直すこと，適正なヒアリングが行われたことを証明すること等にあります。

■録音することの告知

　基本的に録音すべきであり，録音に対象者の許可が必要なわけでもない以上，「録音していいですか」と聞くのではなく，「記録を残すために録音します」と告げれば足ります。仮に「録音しないでほしい」といわれた場合，「職務として記録を残すために必要なので録音します」と再度告げます。

　例外的な場合ですが，録音を対象者に告げずに秘密録音を行う場合もあります。秘密録音は直ちに違法になるわけではなく，通常の方法で行われた場合，証拠として有効と判断される可能性は高いといえます。ただし，録音しているのに「録音していない」と虚偽の事実を告げた場合，違法な行為となり得，録音したデータを裁判等で使用することも難しくなるため，「記録のために録音しています」と回答するようにしましょう。

　録音していることを告げた場合，それを理由に回答者が協力を拒んだり，何も話さなくなったりする可能性もあります。録音の実施自体は協力拒否の合理的理由にはなりませんので，その場合には，協力義務違反を理由に懲戒処分を検討することになります（㉛参照）。また，不正の核心に触れる事実や，他人の不正に関する供述が行われる際に，ここだけは録音を止めてほしいと要望される場合もあります。その場合は，要望に応じて録音を止め，重要な事実を聞き取ることを優先してよいでしょう。

■対象者による録音

　対象者側から録音をしたいといわれる場合があります。仮に禁止しても秘密録音をされる可能性は常にあり，それは止めようもありませんので，情報の取扱いに注意するよう伝えた上，認めて構いません。ヒアリング担当者は，秘密録音されている可能性も念頭に，常に問題のない話し方，質問内容を心がけなければなりません。

留意点
✔冒頭に録音することを告げる
✔資料を引用する場合，資料名や頁数を明らかにする
✔対象者側が録音を希望したら，情報の取扱いに注意するよう
　伝えた上で認めてよい
✔対象者側が秘密録音をしていても問題のない，質問内容，話
　し方を心がける

【通常録音と秘密録音の場合の対応の整理】

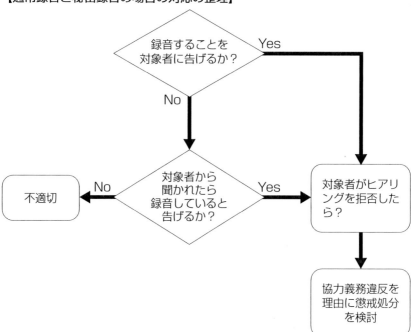

44 記録化，対象者の署名

■ヒアリング録の作成

　ヒアリング終了後は，ヒアリング録を作成します。書き起こしにするか概要にまとめるかは，そのヒアリングの重要性や内容によります。必要に応じて録音内容を聞き直しながら，丁寧にまとめます。

　ヒアリング録には，冒頭説明が行われたこと，対象者が当該説明に納得して同意したこと等も記載すべきです。ヒアリング録は，供述内容を証拠化するとともに，ヒアリングが適正に行われたことの証拠にもなります。ヒアリングの際に資料を受領した場合には，ヒアリング録にも受領した資料名を記載し一緒に保管するなど，ヒアリング録と一体として管理しましょう。

■弁護士・依頼者間秘匿特権との関係

　弁護士が担当者となってヒアリングを実施し，ヒアリング録を作成する場合，書き起こしのようにまとめるのではなく，弁護士が自分なりにまとめた形にすることで，米国法上の秘匿特権の対象となる可能性が高まるとされています。また，秘匿特権を意識し，ヒアリング録のヘッダーに"Privileged & Confidential"と記載する運用もあります。このような記載をしたからといって直ちに秘匿特権が生じるわけではありませんが，秘匿特権の対象となり得る文書を容易に峻別できるようになるという点では重要です。

■対象者の署名

　完成したヒアリング録は，必要に応じて，対象者に読み聞かせた上，署名押印を依頼します。後日訴訟で争いになる可能性がある場合や，ヒアリングで聴き取った内容を有力な証拠として懲戒解雇を行う場合等には，対象者の署名押印を得るべきです。このようにしておけば，後日対象者が証言を翻したときに備えることができますし，訴訟になった場合の証拠価値も高いものになります。

　読み聞かせた際に，発言どおりに記載したにもかかわらず，言っていないといわれる場合もあります。その場合，本文を訂正するより，訂正の要望があったという事実を追記した上，署名押印を得るという方法がよいでしょう。

```
ヒアリング録

                    日付：○年○月○日
                    住所：東京都・・・
                    氏名：○○　○○㊞

  ○○の件について行われたヒアリングの内容は
下記のとおりであったことを確認しました。

              記

■ヒアリングの日程等
日時：○年○月○日○時～○時
場所：○株式会社会議室
対象者：○○　○○
聴取者：○○　○○,・・・

■ヒアリングの内容
  ヒアリングの冒頭に，調査チームから，注意事
項として，・・・
  ○○の件について，私は，○年頃から・・・

                              以上
```

45　不当なヒアリングとリカバリー

■不当なヒアリング

　ヒアリングにおいては，役職員の保護，人権への配慮が必要不可欠です。

　たとえば，ヒアリングの開始前に，「虚偽の申告をした場合には懲戒処分を受ける可能性がある」と伝えることは，必要な留意事項を告げただけであって，違法ではありません。しかし，その範囲を超えて，脅迫的な手法を用いて事実を認めさせた場合には，当該行為自体が不法行為になって，会社に損害賠償責任が生じるほか，ヒアリングで得られた結果に信用性が認められず，訴訟でも使用できないということにもなりかねません。また，証拠がないのに，「すでに証拠を入手している」と告げたり，共犯者は何も言っていないのに，「共犯者が自白した」と告げるなど，うそをついて供述を引き出すことも行ってはなりません。

■不当なヒアリングが行われた場合のリカバリー

　前項で具体例を示したような不当なヒアリングが行われてしまった場合には，担当者を変えて再度ヒアリングをやり直すことが考えられます。その際には，対象者に前回のヒアリングが不当だったことを謝罪した上，前回のヒアリングで供述した内容はなかったものとして扱うので，改めて一から話してほしい，話したくなければ話さなくても構わない，と伝えます。これにより，その後に対象者が話したことは自由な意思に基づく正当な証拠とすることができます。

■おわりに

　ヒアリングは，不正調査において最も重要な調査といっても過言ではなく，対象者の生の供述から得られる情報は，真実発見に大いに役立ちます。

　他方，対象者の対応によっては思うように供述が得られず，担当者の側が配慮に欠けた発言をしてしまったり，不適切なことを述べてしまったりするリスクが潜んでいる点には注意が必要です。

【不当なヒアリングの例】

不法行為を構成するほか，ヒアリングの結果も信用性のない証拠として事実認定に用いることができず，訴訟でも使えなくなる恐れがある

不正を認めないと，悪い噂を広めて二度とこの業界で働けないようにしてやる

脅迫的態様

（そのような事実がないのに）共犯者は自白したぞ

偽計的態様

ヒアリング対象者

不当なヒアリングのリカバリー

新・調査チームが担当者を変更して再度ヒアリングを実施

- 脅迫的・偽計的態様だったことについて真摯に謝罪
- 前回のヒアリングで供述した内容はなかったものとして扱うので，改めて一から話してもらえないか
- もし話したくなかったら話さなくても構わない

第7章　役職員アンケートと
専用ヘルプライン

46　役職員アンケートの実施

■意義

　調査チームが直接ヒアリングを行える人数は限られていますが，アンケートを活用すれば，多数の役職員から不正に関する情報を集めることができます。

　また，自分から積極的に不正に関する情報を申告しようとは思わないものの，聞かれたら答えようという役職員も多く，アンケートはそのような役職員の声を拾うことを可能にします。

■活用場面

　役職員アンケートには，このような利点から，問題となっている不正そのものに関する情報を集める（①）ことだけではなく，件外調査で他に不正がなかったことを裏づけるデューディリジェンス的な手続にも役立ちます（②）。

　また，不正の原因分析・再発防止に役立てるため，「今回発生した不正の原因は何か」というように会社の統制環境について役職員に尋ねる内容のアンケートを行うことも有意義です（③）。

■実施方法

　ウェブのアンケートページを用意して行う場合もあれば，紙で行う場合もあります。自身のパソコンを所有していないパート職員や，工場等で作業をする職員等が一定数いる場合には，両者を併用することも考えられます。

■対象者の範囲

　アンケートを実施する際には，対象者の範囲についてもよく検討する必要があります。たとえば，不正が海外子会社で発生した場合であって，贈収賄等，海外子会社でのリスクが特に高いと思われる種類の不正であるような場合は，他の海外子会社すべてを対象にする必要があるでしょう。また，アンケートの目的が上記①〜③のいずれであるかによっても対象が異なります。

　必ず企業グループ全体を対象にする必要があるというわけではなく，リスクベース・アプローチによって，対象範囲を設定することが重要です。

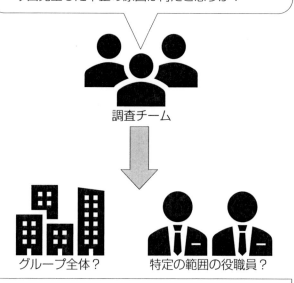

役職員アンケートの意義
- 多数の役職員から不正に関する情報を集める
- 聞かれたら答えようという役職員の声を拾う

→①判明した不正についての情報収集
　②件外調査
　③統制環境調査

- 発生した不正について知っている情報があるか？
- 発生した不正と同種の行為を行ったことがあるか？
- 発生した不正と同種の行為を他人が行っているのを見聞きしたことがあるか？
- 今回発生した不正の原因は何だと思うか？

調査チーム

グループ全体？　　　特定の範囲の役職員？

リスクベース・アプローチによって同種のリスクがありそうな合理的範囲に対象を設定

47　役職員アンケートにおける質問の設定

■質問内容の設定

　質問数が多いと，面倒になり真面目に答えてもらえないため，15問以下が理想で，多くても20問以内に抑えるべきでしょう。

　集計の便も考え，基本的には「はい・いいえ」で回答してもらった上，有益な情報を知っている者のみ自由記述欄にも記載してもらう等の工夫が必要です。

　追加調査のために，任意で，氏名や調査チームから連絡があっても差支えのないプライベートの電話番号等も記載してもらいます。追加調査に協力してもらうためには，匿名性を十分に保護することの説明も必要です。

■免責約束と不利益の明示

　免責約束をする場合には，アンケートの通知文に免責の手続，免責の効果を明記するとともに，アンケート本文にも記載することが考えられます。免責約束とは逆に，知っている事実を正直に回答しなかった場合には懲戒処分の対象になるなど不利益を明示することで，正直な回答を促すことも考えられます。

　免責約束の留意点については，後述の専用ホットラインにおいても同様です。

■アンケートで答えさせてはいけないこと

　役職員アンケートの設問では，役職員に答えさせてよいことといけないことの限界が問題になることもあります。

　たとえば，役職員の思想・信条にまつわる質問は，企業の秩序維持や発生した不正との間に密接な関係があるといった特段の事情でもない限り，認められないと考えるべきです。

　また，犯罪歴等を回答させることも不適切でしょう。その他，家族にまつわる情報等，不正と直接に関係のない情報を過度に広汎に取得しようとすることについても慎重になるべきと考えられます。

　アンケートの質問内容については，実施前に複数人で慎重に検討した上，場合によっては弁護士等の専門家に相談することも検討すべきです。

アンケート回答用紙（例）

　本アンケートは，○○の不祥事について，役職員の皆様が知っている情報をお答えいただくものです。
・・・ 　　　　　　【趣旨を説明】
■回答期間
　○年○月○日〜○月○日
■連絡先 　　　　　　【追加調査のために連絡先を聞く】
氏名（任意）：
連絡先（任意）：
※ご回答いただいた内容について，調査チームから追加調査のお
　願いをさせていただく場合があります。その場合にご連絡して
　も差し支えないご連絡先をご記入ください。

設問 1 　　【設問数は15-20問程度】
　あなたは本件類似の不正を行ったことがありますか？（はい・
　いいえ）
設問 2
　設問 1 で「はい」と回答した方は，当該不正についてくわしく
　記載してください。（自由記載）
設問 3
　あなたは本件類似の不正を他人が行っているのを見聞きしたこ
　とがありますか？（はい・いいえ）
設問 4
　設問 3 で「はい」と回答した方は，当該不正についてくわしく
　記載してください。（自由記載）
設問 5
　今回の不正が発生した原因は何だと思いますか？　当てはまる
　ものを選んでください。【原因や統制環境を問うもの】
　a…，b…，c…，d…，e…，f…
　gその他（自由記載） 　　　　　　　　　　　　　以上
　　　　　　【集計しやすい選択式回答形式】

専用ホットラインの設置

■専用ホットラインの設置

　不正調査において，役職員が知っている情報を通報してもらうため，既存の内部通報窓口とは別に，調査チームを窓口としたホットラインを期間限定で設置するケースがあります。専用のメールアドレスないし電話番号を用意し，役職員に，不正の申告や，未だ不正には至っていない不正の芽の申告を促します。

　ホットラインが活用されるためには，対象となる役職員に対し，ホットラインの設置について十分に周知される必要があります。周知の手法としては，イントラネットへの掲載，社内メールの送信，通達の発信，社長からのメッセージ発信，朝会等での伝達等があり，複数を組み合わせることも考えられます。

■役職員アンケートの補完的役割

　ホットラインには，役職員アンケートの補完的役割もあります。アンケートを実名で行う場合，ホットラインは匿名にして，アンケートでは答えにくい内容について，ホットラインに受け皿の役割を担わせることができます。

■公益通報者保護法との関係

　ホットラインへの通報は，公益通報者保護法による保護の対象となる場合もあるため，同法に則した対応が求められます。同法の保護の対象となるのは，①労働者等が，②労務提供先の不正行為（対象となる不正行為は同法に規定された法律への違反行為）を，③不正の目的でなく，④一定の通報先に通報する，という要件を充たす場合です（要件の詳細については条文参照）。

　ホットラインの運用に際しては，既存の内部通報窓口の運用と同様，消費者庁の「公益通報者保護法を踏まえた内部通報制度の整備・運用に関する民間事業者向けガイドライン」が参考になります。2020年6月8日に「公益通報者保護法の一部を改正する法律」が成立し，2022年4月頃の施行が予定されています。同改正法の内容は右図のとおりですので，確認が必要です。

【専用ホットライン設置の周知】

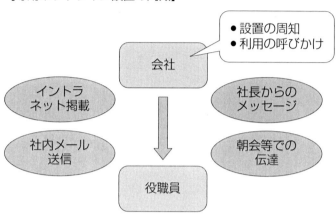

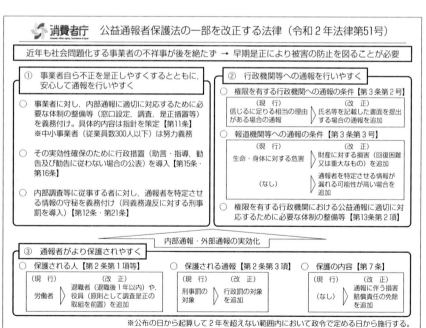

出所：消費者庁webサイト

アンケート回答者・ホットライン通報者の保護

■回答・通報者保護の必要性

　役職員アンケートやホットラインは，役職員が会社や不正行為者からの不利益を恐れず安心して回答・通報ができて初めて機能します。

■匿名・実名によるメリット・デメリット

　回答・通報を匿名・実名のどちらで実施するかについては，それぞれメリットとデメリットがあります。匿名のほうが回答者の安心感が向上し，情報を集めやすくなる半面，信憑性の乏しい情報が寄せられることも少なくありません。匿名で連絡先も不明な場合は追加の質問もできないため，回答・通報の情報だけでは調査対象が特定できず，必要な追加調査ができない場合があります。

　したがって，追加調査が必要不可欠な件外調査の場合などには，できる限り実名での回答・通報を求めます。他方，統制環境を尋ねる質問など，追加調査の必要性が高くない場合は，匿名でも実効性のある調査が可能となります。

■回答・通報者保護の手法

　調査チームは，回答・通報の秘密を守るため，たとえば，追加調査の際，不正が発覚した経路をより一般的なものに置き換えるなど，可能な限り回答・通報者の特定につながらない調査手法を採用します。また，回答・通報者と密接にコミュニケーションをとる，会社や調査対象者による回答・通報者の探索を許さない，会社による回答・通報者への不利益処分を許さないといった対応をとることが求められます。アンケートやホットラインの告知文等にも，これらの対応を明記し，回答・通報者の安心感を高めます。

　もっとも，回答・通報の内容が，回答・通報者自身の重大な不正行為に関するものであった場合は，回答・通報者の保護を理由としてこれを放置することはできず，会社として相応の措置をとらざるを得ません。このような取扱いの可能性については，告知文等に明記して，事前に周知しておくべきです。その他，外部の法律事務所を回答・通報先の窓口とし，法律事務所に対しては実名で回答・通報させ，会社へは匿名化をして結果を伝えるといった工夫も考えられます。

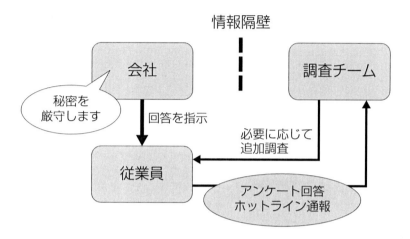

【アンケート，ホットラインの説明文（例）】

　本アンケート／ホットラインは，○○の不祥事に関して，役職員の皆様が知っている情報について，情報提供をお願いするものです。

　なお，自身の不正行為（第○問）について回答／通報された場合，回答／通報者の氏名，回答内容をそのまま会社に伝える可能性があります。それ以外については，回答者／通報者様の許可なく，回答／通報いただいた内容や，追加調査でお答えいただいた内容について，ご本人の特定につながる方法で会社側に伝達することはございませんので，安心して回答／通報してください。

（以下略）

第8章　調査報告書の作成

50 **調査報告書の意義と機能**

■危機管理と経営判断原則

　不正やその兆候が確認された場合，経営陣は，危機管理として，さまざまな経営判断・意思決定を迅速かつ的確に行う必要に迫られます。その判断対象は，そもそもそれが「不正」であるのか否か，被害者その他の案件当事者への対応，追加調査（本格調査，第三者委員会調査）の要否，親会社や監督官庁等への報告・対応，顧客対応，人事処分，再発防止策，適時開示等の情報開示，決算対応，経営責任の取り方に至るまで，多岐にわたります。

　経営陣によるこれら経営判断・意思決定は，経営判断原則に則して行われなければなりません。経営判断原則とは，経営判断の前提となった事実認識に不注意な誤りがなく，判断の内容が著しく不合理なものでなければ，経営陣は，その判断が結果的に誤りであったとしても，善管注意義務違反を問われない，という原則です。経営陣の指示によって行われる調査チームの調査には，この「事実認識に不注意な誤りがない」という要件を満たすことで経営陣を守る，という意味合いもあるのです。

■追加調査の要否の判断の基礎

　不正の発覚直後に行われる，初動調査としての社内調査では，不正の全容を解明するまでには至らず，外部専門家を含めた調査等，追加調査が必要となる場合があります。経営陣は，追加調査の要否，その規模・体制・期間・予算（たとえば，第三者委員会を設置する必要の有無）等を，経営判断原則に基づいて判断する必要がありますが，初動調査としての社内調査の調査報告書は，その経営判断の基礎となります。

■経営陣が適切な経営判断・意思決定を行うための調査報告書

　調査チームが行う調査には，このような経営陣の経営判断に必要な「事実認識」をさせるという役割があります。調査チームは，経営陣に調査の結果を正しく認識してもらうため，調査結果をとりまとめた「調査報告書」を作成・提出するのです。

51 調査報告書の構成

　調査報告書は，以下の各項目によって構成します。ただし，不正発覚直後に短期間で行われる初動調査の場合，調査報告書の作成にかけられる時間はあまりありませんので，全体に簡易・簡潔なものとなってもやむを得ません。

■調査体制
　調査責任者やメンバー，期間，外部協力の有無などを記載することで，調査の責任の所在，調査の独立性，調査リソースの十分性を明らかにします。

■調査対象事実（調査スコープ）
　調査対象とした事実，期間および範囲を記載することによって，調査範囲の十分性を明らかにします。調査チームは，なぜその事実を調査対象としたのか，なぜ，その期間および範囲を調査対象としたのか，言い換えれば，なぜそれ以外の事実，期間，範囲を調査対象としなかったのかについて，必要十分な説明を尽くすことが求められます。

■調査手法
　実施した調査手法とその結果を記すことによって，調査手法の適切性を明らかにします。調査チームは，なぜその調査手法を採用したのか（あるいは採用しなかったのか）について，必要十分な説明を尽くすことが求められます。

■認定した事実
　調査チームが，調査の結果，調査チームとして認定した不正に関する事実関係を記載します。この部分が報告書の中核です。

■原因分析・再発防止策
　調査チームとして認識した原因分析と再発防止策を記載します。ただし，原因分析と再発防止策の策定・実行は経営陣の職責ですので，経営陣は，この記載を参照しつつも，経営判断原則に則して，自ら判断する必要があります。

調査報告書の構成例（本格調査の場合）
－初動調査の場合は全体に簡易・簡潔なものとなってもやむを得ない

調査報告書

1. 調査に至る経緯

2. 調査体制

　　　● 調査責任者・メンバー，期間，外部協力

3. 調査対象事実（調査スコープ）

　　　● 調査対象とした事実，期間，範囲

4. 調査手法

　　　● 実施した調査手法とその結果
　　　● 行い得なかった調査手法があればその手法

5. **認定した事実**

　　　● **調査の結果，調査チームが認定した不正に関する
　　　事実関係**

6. 原因分析・再発防止策

　　　● 調査チームとして認識した原因分析と再発防止策

調査報告書における事実認定

■「事実認定」こそが調査チームの役割

　調査報告書には，調査の結果，調査チームとして認定した不正に関する事実関係（いつ，どこで，誰が，誰に，なぜ，なにを，どのように行ったという5W1H）を記載します。このとき，どのような事実を「事実」として認定し，あるいは認定しないかという判断を「事実認定」といいます。

　調査チームにとって，この「事実認定」こそが最も重要な役割であり，また，最も困難な作業でもあります。すべての証拠が完全に整合し，問題なく1つの事実を指し示してくれればよいのですが，調査によって得られた証拠が相互に整合しなかったり，関係者の供述や言い分が食い違ったり，そもそも十分な証拠が得られない場合は往々にしてあるからです。

　しかし，これらの場合でも，事実が全く認定できないということにはなりません。どの証拠の信用性があるといえるか，それら証拠からは，どのような事実関係があったと判断するのが合理的なのか，といった点について検討を重ね，必要な補充調査も実施して，調査チームとして事実に迫る必要があります。

■調査を尽くすことによって事実認定の合理性を担保する

　本当の絶対的な真実は誰にもわかりません。しかし，調査チームが必要十分な調査を尽くし，検討に検討を重ねた上で認定した事実であれば，会社の経営陣が不正に関する経営判断を行うための基礎として，その合理性を十分担保することができます。他方で，調査チームによる調査が不十分であると，その認定事実への信頼性が欠け，それに依拠した経営判断を行うことには危険が伴います。調査チームは，最終的に事実認定をするということを念頭に，「考えられる調査・検討は尽くしたのだから，このような事実が認定できる（できない）」と胸をはって説明できるよう，調査・検討を尽くす必要があります。

　また事実認定のプロである弁護士の助力を得ることは的確な事実認定に有効です。調査の十分性や事実認定の当否について，積極的に相談をしましょう。

調査チームによる調査の実施

調査の結果として，事実を認定し，報告書にまとめる

事実が認定できるか，
できないか

調査チーム　　　　　　調査報告書

報告書には調査の結果，「調査チームとして認定した不正に
関する事実」（いつ，どこで，誰が，誰に，なぜ，なにを，
どのように行ったという５Ｗ１Ｈ）を書く

事実認定の手法

　調査チームにとって，最も困難なのは，関係者の供述が食い違うなど，関係証拠が整合しない場合の事実認定です。どのような場合にどのような事実が認定できるかは，ケースバイケースというほかありませんが，以下のようなプロセスで検討すると，問題点や議論を整理することが比較的容易になります。

　以下では，ある会社の部長が，ある会議で，不正を指示する発言をしたかどうかが問題になっている事案を念頭に，事実認定の思考過程を辿ってみます。

■まず「客観的事実」を認定する

　まず，第1段階として，客観証拠から明らかな客観的事実を確定します。たとえば，ある会議の招集メールと議事録があり，会議の開催自体を関係者一同が認めていれば，当該会議が開催されたこと自体は「客観的事実」として認定することができます。同様に「客観的事実」をできるだけ多く認定します。

　このとき，関係者の供述が一致しているというだけで「客観的事実」として認定することは早計です。企業不正では口裏合わせが頻繁に行われますので，供述が一致する場合でも，客観証拠との整合性など，慎重な検証が必要です。

■次に「争いがある事実」を認定する

　次に，争いがある，つまり当事者の言い分が食い違う核心部分の事実関係について，「客観的事実」や，その他の証拠との整合性，ヒアリング時の供述内容の合理性・一貫性・具体性などから，その有無を判断していくことになります。

　先の例では，会議は開催されたという事実を前提に，発言の有無に関する証拠・記録（関係者の供述，議事録，事後の記録等）を検討し，核心部分である部長の発言内容（＝争いがある事実）の有無を判断していくことになります。

　このように証拠を評価し，必要な追加調査や追加ヒアリングをし，チーム内で議論を重ねて，争いがある事実の有無を調査チームとして判断・判定します。この作業が「事実認定」であり，報告書にはその結論と判断理由を記すこととなります。

■客観証拠等から「客観的事実」を認定

　　例：招集メール，議事録，関係者供述の一致

○月○日に○○で会議が開催され，そこに○○部長，○○課長，○○課員が出席し，○○について協議がされていたことは間違いなさそう。

調査チーム

■争いがある（当事者の言い分が食い違う）事実関係について，「客観的事実」や，その他の証拠との整合性，ヒアリング時の供述内容の合理性・一貫性・具体性などから「事実認定」をする。

　　例：　○○部長は「△△」という発言を否定。議事録に発言の記載はなく，録音もない。

　　　　　しかし，○○課長，○○課員は，部長が上記発言をしたと明確に供述。○○課員は手書きのメモも残していた。また，会議後の関係者メールには，○○部長が「△△」という発言をしたことを前提とした記載もある…。

○○部長が上記会議で「△△」という発言をした事実は認定できる。

この「判断」が事実認定

調査チーム

グレー認定

■調査チームの調査の限界

　調査を尽くしても，すべての事実がクリアにならない場合があります。しかし，厳格に立証できる事実のみを認定することとすると，「認定できる事実が何もない」ということになりかねず，調査チームとしての職責を果たせません。

■グレー認定

　そこで，調査チームが調査報告書をまとめるにあたっては，厳格に立証できる事実のみを認定・記載するのではなく，事実として認められない場合であっても，その疑いの濃淡を認定・記載する「グレー認定」を行うことも検討する必要があります。グレー認定とは，調査を尽くしたものの，関係証拠からは事実として認定するまでには至らない場合に，右図にあるように，疑いの濃淡や可能性の高低について言及するものです。経営陣が経営判断を行うにあたっては，たとえ事実としての認定ができない場合であったとしても，その疑いの「濃淡」がどの程度なのかという情報は，必要な情報となるはずです。

■必要十分な調査を尽くし，証拠に基づいて認定する

　ただし，グレー認定は単なる印象や思い込みで事実を認定することを意味しません。たとえ「クロ」とは認定されずとも，グレー認定をされることによる関係者の不利益は大きなものになります。グレー認定も事実認定である以上，あくまで証拠に基づいた認定を行う必要があり，疑いが残るというのであれば，なぜ疑いが残るのかを合理的に説明する必要があります。

　グレー認定の正当性は，調査チームが必要十分な調査を尽くすことが大前提となります。グレー認定となる理由が調査の不足なのであれば，調査を尽くすことによって白黒をつけるべきです。調査チームは安易にグレー認定に逃げることなく，まずは必要十分な調査による真相解明に尽力する必要があります。

　逆に，関係証拠から「クロ」との認定が可能であるにもかかわらず，対象者に配慮や忖度をして「疑いが残る」という程度の認定にとどめる「割引認定」を行うことは，経営陣の経営判断を誤らせるものであり，あってはなりません。

■調査チームは，不祥事の実態をステークホルダー
　に説明するために設置された任意の機関であり，
　強制的な調査権限はない。

● 厳格に立証ができる事実のみを認定するのではな
　く，疑いの程度を明示したグレー認定を行うこと
　も考える。
● 単なる思い込みや想像はNG。あくまで証拠に基
　づいて認定。また，必要十分な調査が大前提。

【グレー認定の例】

「……の可能性が極めて高い」
「……の相当程度の疑いがある」
「……の疑いを払しょくできない」

ものの，事実とまでは認定することができない。

調査報告書の公表と実名表記

■調査報告書のオリジナル版

　調査報告書は，経営判断の基礎とするべく，事実調査の結果を余すことなく記載したものですので，そのオリジナル版には，個人名や営業秘密も含め必要な情報はすべて記載するのが原則です。

　ただし，内部通報事案における通報者に関する記載は通報者保護のために控える必要があります。また，セクハラ事案における被害態様の記載，労災自死事案における自死の態様の記載などについては，詳細な記載を控える配慮が必要です。調査報告書が重要秘密として取り扱われるとしても，記録として長く会社に残り，不特定多数の社員の目に触れる可能性もある一方，被害態様等の事実の描写を控えても，経営判断は可能な場合が大半だからです。

■公表・提供版や概要の作成

　本格調査の場合，事案によっては，社内調査の結果を対外的に公表したり，外部のステークホルダーに提供したりすべき場合があります。しかし，調査報告書のオリジナルをそのまま公表・提供すると，関係者のプライバシー，公的機関による捜査・調査への支障，営業秘密の保護といった観点から，問題が生じる場合があります。このような場合には，公表・提供版の調査報告書や概要を作成し，これを公表・提供します。

　このとき，オリジナル版の報告書に記載されている関係者の名前を匿名化すべきかが問題となります。公表・提供版や概要は，ステークホルダーに対する説明責任を果たすために，調査結果を記載したものですが，ステークホルダーに対する説明責任を果たす観点からは，関係者の役職名がわかれば足りる場合も多く，常に個人名の記載が必要とはいえません。また，社員等関係者のプライバシー等についても配慮する必要があります。そこで，公表・提供版や概要における実名記載の要否は，その立場に応じて，慎重に検討すべきです。取締役や監査役等は氏名が登記に記載され公表されているので実名，社員（執行役員を含む）は匿名，というのが一般的な扱いといえます。

〈社内用〉　■オリジナル

事実調査の結果を記載したオリジナル
→　個人名や営業秘密も含め，必要な
　　情報はすべて記載（ただし，内部
　　通報者の保護や，被害者の名誉・
　　プライバシーには配慮）

〈公表・提供用〉

■公表・提供版の調査報告書

■調査結果概要

・社員等関係者のプライバシー
・公的機関による捜査・調査に支障を与える可能性
・営業秘密の保護
　　　→　公表・提供版や調査結果概要を作成し，公表・提供
（公表・提供版や概要における匿名化の考え方の例）
　　　→　取締役や監査役等は氏名が登記に記載され公表されてい
　　　　るので実名記載が原則
　　　→　社員（執行役員を含む）は不祥事の当事者であっても匿
　　　　名化が原則

第9章　調査終了後の対応

56 調査報告書の受領と社内共有

■調査報告書の受領と社内への共有

　調査チームに調査を指示した者は，調査チームから受領した調査報告書ないしはその内容を，社内のどの範囲にまで共有するかを判断します。社長または担当役員にのみ報告すれば足りるのか，経営会議や取締役会にまで報告すべきなのかを，不正の内容・性質や各会議規則等に照らして判断します。

　もちろん，すべての不正調査の結果が，すべての役員や会議体に報告・共有されなければならないわけではありません。担当役員への報告で十分な事案は少なからず存在します。報告・共有の範囲について具体的な基準を定立することは困難ですが，そもそも社内調査は，責任ある経営判断の基礎となる情報を提供するために行われるものですので，その調査結果をふまえた経営判断をすべき主体は誰であるかという視点や，経営陣へのバッドニュース・ファーストの観点も加味して，判断することが必要です。

　後日問題になるものとしてよく見られる例は，①常勤監査役に知られないよう同人がオブザーバー参加する経営会議への報告を控える，②社外役員に知られないよう取締役会への報告を控える，といったものです。しかし，大きな不祥事への対応という重要な業務執行こそ，業務執行から独立した監査役や社外役員の視点による監査・監督を受けるべきです。

　いずれにせよ，自身で情報のエスカレーションを止めた役員は，なぜ自身がエスカレーションを止めたのかについて説明責任を負うことを理解すべきです。

■関西電力の事例

　関西電力の役職員による金品受領と不適切発注が問題となった事例では，社内調査委員会報告書を受領した会長と社長が，調査結果として違法性までは認められなかったこと等を理由として，社内調査結果を対外公表しないことを決め，取締役会や社外取締役に報告しませんでした。この点について，「善管注意義務違反がなかったとするには至らない」（取締役責任調査委員会調査報告書29頁）と問題視されたことは注目されます。

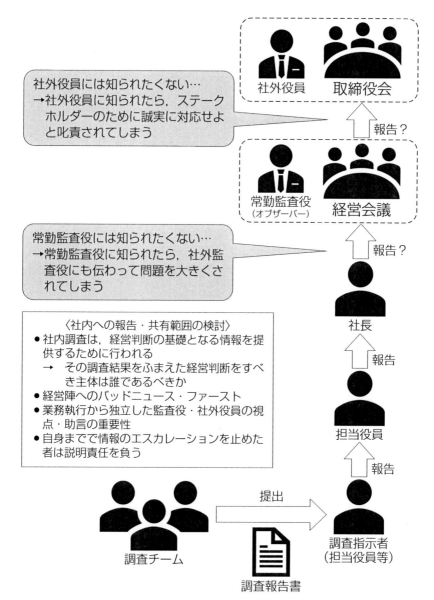

57　原因究明・再発防止策の策定

■原因究明

　本格調査によって事実関係を把握したら，経営陣は，確認された事実関係を前提として原因究明を行います。調査チームは，本格調査の過程で感じ取った不正の「原因」を調査報告書に具申するのが通例でしょう。しかし，不正の原因究明そのものが再発防止策の前提となる重大な経営判断である以上，経営陣は調査チームの具申する「原因」を鵜呑みにするのではなく，経営陣の目線でこれを再検証して原因究明を全うする必要があります。

　経営陣による原因究明は，不祥事対応プリンシプル（巻末資料②）の原則①にもあるとおり「根本的な原因の解明」でなければならず，組織的な要因に迫るものでなければなりません。

　組織的な要因に迫るためには，右図にあるように，当該不祥事が発生した直接的な要因を分析して特定し，さらに，その要因を引き起こした要因を分析して特定するというように，発生事象に対して「なぜ」を5回以上繰り返し問いかけるというような分析手法が有効です。

■再発防止策の策定と実行

　原因究明を終えたら，経営陣は，経営判断として，実効的な再発防止策を策定しなければなりません。再発防止策は，不祥事対応プリンシプルの原則③にもあるとおり，「根本的な原因に即した実効性の高い方策」でなければならず，迅速かつ着実に実行されなければなりません。

　このような実効性のある再発防止策を平時のリスク管理体制に実装して取り込むことで，リスクに一段と強い会社になります。また，ステークホルダーに対し，これらの自浄作用の発揮状況を必要に応じて説明していくことによって，その信頼を回復し，企業価値を回復します。

　その後も，経営陣は，不祥事対応プリンシプルの原則③にあるとおり，策定した再発防止策の本旨が日々の業務運営等に具体的に反映され，その目的に沿って運用・定着しているかを十分に検証し，必要に応じた改善を講じる必要があります。

架空売上の計上の場合

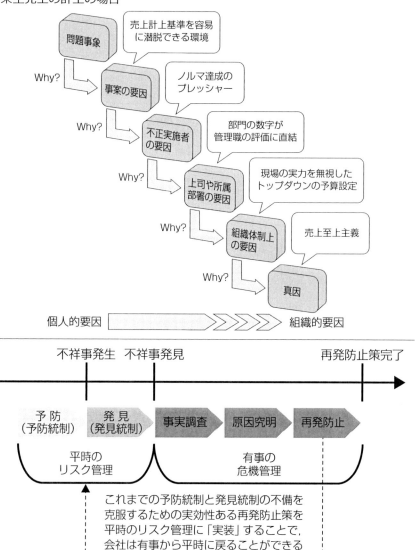

ステークホルダーへの説明

■ステークホルダーへの対応の必要性

　企業には，右図に示すようにさまざまなステークホルダーが存在し，不祥事が発生するとステークホルダーに影響を与えます。危機管理では，すべてのステークホルダーに配慮したバランスのとれた対応を行うことが必要です。

■影響を受けるステークホルダーへの説明

　不祥事に対する調査が社内調査の方法で行われる事案では，その調査結果は対外公表されないケースが大半です。

　それでも，その不祥事によって影響を受けるステークホルダーに対しては，個別の説明を行う必要があり，実際にも説明が行われているはずです。

　どのステークホルダーに対して何をどの程度説明するかは，事案に応じて臨機応変に判断するしかありませんが，そのステークホルダーの立場に立って考えたときに，自分に説明がないことを不満に思う場合には，そのステークホルダーに説明責任を負っていると判断し，必要な説明を行うべきです。

　関係者のプライバシー保護をいいわけにして断片的な説明しかしないという失敗例も散見されます。プライバシー保護とステークホルダーへの説明責任の調整点をしっかり見極める必要があります。

■1つの事実に基づいた一貫した説明

　その際，絶対にやってはいけないことは，ステークホルダーによって事実関係を使い分けることです（右表②）。たとえば，パワハラによる過労死事案の場合，社内ではパワハラを認定して加害者を処分する一方で，労働基準監督署や遺族には法的責任を追及されないようパワハラの存在を伝えずに隠すようなケースです。このような不誠実な対応では，失墜した信頼の回復を図るどころか，会社の対応がさらに深刻な信用失墜を招きます。

　精度の高い調査で確認された事実に基づき，すべてのステークホルダーに対して一貫した説明をすることが重要です。

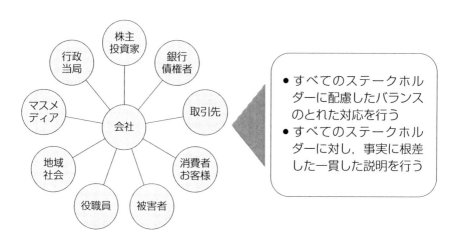

<〈パワハラによる過労死事案でのステークホルダーへの対応例〉

	対応パターン		具体例	
①	ステークホルダーに一切説明しない		パワハラによる過労死を社内にも労働基準監督署にも遺族にも隠す	誤った対応
②	個別のステークホルダーごとに説明する	ステークホルダーごとに説明する事実を使い分ける	パワハラの存在を前提に社内処分を行うが，労働基準監督署にも遺族にも，パワハラの存在を隠す	
③		1つの事実に基づいた一貫した説明を行う	パワハラの存在を前提に社内処分を行い，労働基準監督署にも報告し，遺族にもパワハラの存在を伝えて謝罪する	正しい対応
④	調査報告書を対外公表してすべてのステークホルダーに一律に説明する		パワハラによる過労死事案で，パワハラの存在を記載した調査報告書を公表する	

調査結果の対外公表の要否

■対外公表の判断基準

　不正調査の結果の報告を受けた経営陣は，その調査結果を対外公表すべきか否かという問題に直面します。

　まず，上場会社であって，調査結果が適時開示基準に該当する場合には，適時開示という形で対外公表することが義務づけられています。

　次に，対外公表することで製品を使用する消費者に注意喚起し，事故や健康被害などの二次被害を防止できる場合には，対外公表が信義則上の法的義務となる場合もあり得ます。独立行政法人製品評価技術基盤機構（NITE）の製品事故情報・リコール情報や自動車のリコールは，これを制度化したものです。

■経産省グループガイドライン

　グループガイドライン（巻末資料③）の4.10.2は，事実の公表等について「被害の大きさ（人の身体の安全や健康に関わるものか）や影響範囲（不特定多数に及ぶか，継続しているか）等を踏まえ」るとしています。また「そのタイミング（迅速性）と内容（正確性）の両立が課題となるが，過去の不祥事事案の教訓から，会社としての正式発表前に報道されると隠ぺいが疑われて信頼回復に時間を要することとなりやすいため，まずは『迅速な第一報』を優先させ，社会的観点から必要に応じて謝罪を行いつつ，正確な説明（調査の進捗状況を含め，その時点で可能な限りの説明）を行うことを心掛けるべき」としています。

■ダスキン肉まん未認可添加物混入事件判決

　この事件では，自社が製造する肉まんに未認可添加物が混入していることが判明した際，経営陣が「自ら積極的には公表しない」という方針を前提に，販売中止などの積極的な事後対応策をとらなかったことにつき，取締役および監査役の善管注意義務違反があるとされました（大阪高判平成18・6・9）。

　この判例は，取締役および監査役に対し，消費者からの信用失墜の防止と信頼回復の手段として，「公表」を含む具体的対応策の積極的な検討および実行という措置をとるべき法的義務を課し，信頼回復義務を課したものといえます。

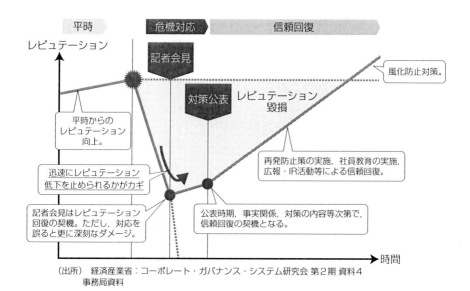

（出所） 経済産業省：コーポレート・ガバナンス・システム研究会 第2期 資料4 事務局資料

〈ダスキン肉まん未認可添加物混入事件判決のポイント〉

会社の責任	混入が判明した時点で、ダスキンは直ちにその販売を中止し在庫を廃棄するとともに、その事実を消費者に公表するなどして販売済みの商品の回収に努めるべき社会的な責任があった。
代表取締役社長Y1の責任	Y1が、……そのような（著者注：事実関係を徹底的に調査し、早期に公表も含めた適切な対応を取るといった）措置を、その違法性を知りながら承し、隠ぺいを事実上黙認したこと、および、公表の要否等を含め損害回避に向けた対応策を積極的に検討することを怠ったことにおいて、Y1の代表取締役社長としての善管注意義務の違反は明らかである。
専務取締役生産本部担当Y2の責任	Y2が本件混入や本件販売継続の事実を知りながら、事実関係をさらに確認するとともに、これを直ちに社長であるY1に報告し、事実調査の上で販売中止等の措置や消費者に公表するなどして回収の手だてを尽くすことの要否などを検討しなかったことについて、取締役としての善管注意義務の懈怠があったことは明らかである。
その他の取締役・監査役の責任	取締役らが、「自ら積極的には公表しない」という方針を採用し、消費者やマスコミの反応をも視野に入れた上での積極的な損害回避の方策の検討を怠った点において、善管注意義務違反のあることは明らかである。 監査役も、自ら上記方策の検討に参加しながら、以上のような取締役らの明らかな任務懈怠に対する監査を怠った点において、善管注意義務違反があることは明らかである。

136

 60 適時開示とその遅延が招く法的リスク

■適時開示が遅延することによって生じるリスク

　不祥事がインサイダー取引規制におけるバスケット条項に該当し「重要事実」に該当すると，適時開示が必要な情報にも該当します。どのような不祥事が「重要事実」に該当するかについての明確な基準はありませんが，証券取引等監視委員会が「重要事実」に該当すると判断した代表的な事例としては，右図の東洋ゴム工業における免震ゴム偽装問題と，旭化成建材における杭工事データ改ざん問題が挙げられます。「重要事実」に該当するおそれがある場合に，適時開示が遅延することによって，(1)不祥事の事実を知った関係者が不祥事による株価下落を見越して，当該上場会社の株を売りつけるインサイダー取引を働いて摘発されるという二次不祥事を誘発するリスク，(2)上場会社の経営陣が不祥事を把握した後，適時開示がなされないうちに，当該上場会社の株式を取得した者が，その後に公表されて株価が下落したことにより損失を被ったとして，適時開示義務違反に基づく損害賠償請求をするリスクが発生します。

■リスクを防止するための対応策

　コンプライアンス・IR担当者は，①情報管理，②売買管理，③適時開示の対応策を行うことで，上記のリスクが発生することを防ぐことができます。社内調査チームも，これらの対応策について認識しておくことが必要です。

　①情報管理として，「重要事実」に該当し得る不祥事情報を管理することが必要です。たとえば，当該情報を認識している者のリストを作成し，リストに掲載されている者以外には漏らさないよう共有することが考えられます。

　②売買管理として，関係者および情報受領者の株取引を管理することが必要です。たとえば，①のリストに掲載されている者のなかで，当該企業の株式保有者を確認し，保有していない場合は保有していない旨，保有している場合は当該株の取引を行わない旨の宣誓書を提出してもらうことが考えられます。

　③適時開示として，インサイダー情報に該当し得る不祥事に関する情報を証券市場に対して隠蔽したり，株価を粉飾したりすることなく，適時適切に開示して株価に織り込ませていくことが必要です。

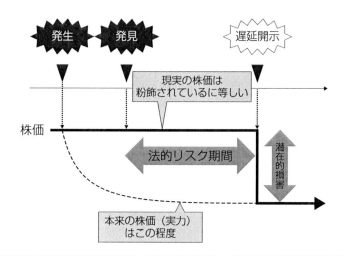

不祥事に関する情報が「重要事実」に該当した実例	
東洋ゴム工業 免震ゴム偽装 問題	子会社で製造，販売していた「高減衰ゴム系積層ゴム支承」の一部が，性能評価基準に適合しておらず，技術的根拠のない申請により性能評価基準に対する認定を受けていたことが確認されたという事実 【理由】 ①会社の社会的信用を毀損し，会社の事業の展開にも支障をきたしかねない。 ②過去にも不祥事が発覚している同社において，市場に対する信頼を再度裏切るものであった。 ③会社および子会社の業績悪化を招くおそれのあるものであった。
旭化成建材 杭工事データ 改ざん問題	子会社が施工した杭工事の一部について施工報告書の施工データの転用および加筆があったことが判明したという事実 【理由】 ①本件事実は，同様の工事を事業として行っていた子会社・親会社の社会的信用を毀損し，その事業展開にも支障をきたしかねないものである。 ②投資者が本件事実を知れば，当然「売り」の判断を行うものと認められる。

関係者の社内処分，経営責任

■関係者の社内処分の意義

　経営陣は，社内調査で判明した事実をもとに，責任の明確化，再発の防止，ステークホルダーからの信頼回復を図るため，関係者に対する社内処分を検討します。

■社内処分と経営責任の明確化の方法

　懲戒処分を行うためには，就業規則に懲戒事由等（懲戒処分の種別と対象行為）が定められていることが必要です。会社は，就業規則の懲戒処分に関する規定を確認し，不正行為者の行為がどの懲戒事由に該当するかを確認します。

　また，懲戒処分は，客観的に合理的な理由を欠き，社会通念上相当であると認められない場合は，無効とされますので，懲戒処分の内容が相当であるか，懲戒処分を行うための手続が相当であるかを慎重に検討する必要があります。

　処分対象者が取締役の場合，就業規則に基づく懲戒処分を行うことはできません。しかし，取締役規程等に取締役の処分に関する定めがある場合は，同規程に基づく処分が可能ですし，また，このような規程の有無を問わず，経営陣による経営責任の取り方として，降格，報酬返上，退任，クローバック条項に基づく返金等のほか，退職慰労金の不支給・減額，ストック・オプションの剥奪等の措置を講ずることが考えられます。

■個人的要因と組織的要因の相関関係

　処分にあたっては，調査で確認された不正について，組織的要因が大きいほど行為者の責任は軽くなり，組織的要因を作り出した経営陣の責任が重くなるという関係にあることを考慮すべきです。したがって，組織的要因を十分に検証することなく，個人的要因のみを重視して行為者に責任を押しつけて重い処分を課すことは，処分の正当性を損なうものといえます。

　組織的要因を検証する場面は，経営陣の責任を追及する場面でもあり，会社と経営陣との間に利益相反が生じるので，業務執行から独立した社外役員が検証作業をリードする必要があります。

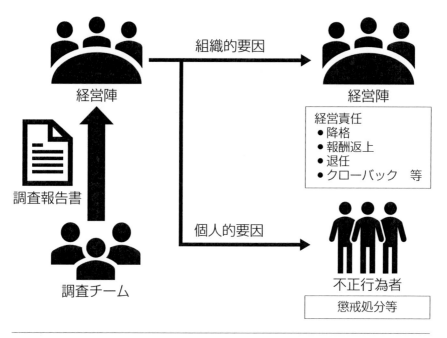

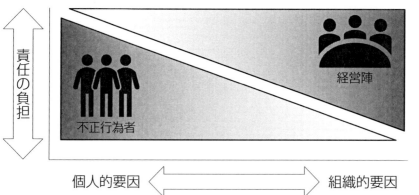

組織的要因が大きいほど，不正行為者の責任は相対的に軽くなり，経営陣の責任は相対的に重くなる

62 関係者の法的責任（民事，刑事）の追及

■責任追及の対象と法律構成

　不正行為により企業が損害を被った場合，企業は不正行為者や関係者に対して損害賠償請求等の民事責任を追及したり，捜査当局に対する告訴・告発等を行うことで不正行為者や関係者の刑事責任を追及することを検討します。

　責任追及の相手方としては，不正行為者，その監督者，そして不正に関与した取引業者等の社外関係者等が考えられます。誰に，いかなる法律構成により，どのような責任追及を行うべきかは，不正の内容，悪質性，勝訴可能性，回収可能性等を考慮し，専門家の法的見解をふまえて決定します。

　なお，不正調査の結果，組織的要因が相応に認められたような場合に，役職員個人にのみ責任を押しつけることは適切とはいえません。不正行為者の故意・過失，悪質性，地位等の個人的要因のみならず，その背景にあった組織的要因も十分考慮して，責任追及の当否や範囲を決定します。特に，不正の原因が，内部統制の欠陥や，上司の指示・圧力や監督義務違反等にもある場合には，損害の公平な分担の見地から，不正行為者への責任追及の範囲は相当程度減縮することが合理的です。

■法的責任追及の効果

　民事責任の追及の目的は，一義的には，会社が被った財産的損害を回復することにあります。これに加えて，民事，刑事の法的責任の追及には，不正を行った役職員に対する会社の厳正な姿勢を示すことにより，他の役職員へのけん制として再発防止策の1つになるとともに，対外的に会社の自浄能力を示すことで信頼の回復が図られるという効果も期待できます。

　他方，不正行為者や関係者に法的責任が認められるのにもかかわらず，合理的理由もなく責任追及をしなかったり，損害賠償請求権が存在するのにこれを行使して回収しなかったりすることは，経営判断として不適切と評価される恐れがあります。この観点から，特に，経営陣が法的責任の追及を行わないという経営判断をする場合には，弁護士から，法的責任追及の可否に関する法律意見書を必ず取得し，これに基づく判断を行うこととすべきでしょう。

【法的責任追及の意義】
- 財産的被害の回復（民事）
- 責任の明確化
- 社員に対するけん制効果（再発防止）
- ステークホルダーからの信頼回復

… ただし，調査の結果，組織的要因が大きかった事案では，個人に対する責任追及が適切でない場合もある

司法取引

■司法取引（協議・合意制度）の概要

　2018年6月1日に施行された改正刑事訴訟法（350条の2ないし15）により，いわゆる司法取引（協議・合意制度）が日本にも導入されました。司法取引とは，検察官と被疑者・被告人およびその弁護人が協議し，被疑者・被告人が「他人」の刑事事件の捜査・公判に協力するのと引き換えに，自分の事件を不起訴または軽い求刑にしてもらうことなどを合意する制度です。その目的は，組織的犯罪における首謀者の関与を含めた事案の全容解明に役立つ証拠を獲得することにあります。

　制度導入後，右図にあるように，すでに3件の適用例が公にされています。そのいずれもが企業不祥事に関する事案であり，特に，第1号案件となった三菱日立パワーシステムズ（MHPS）案件は，法人としての三菱日立パワーシステムズが司法取引を行い，その役職員が外国公務員贈賄罪（不正競争防止法違反）で起訴され有罪となった事例として注目されました。

■高まる社内調査の重要性

　企業不祥事が発生し，それが司法取引の対象となる事案であった場合，企業としては，MHPS案件のように，役職員を「他人」として，法人として司法取引を行うことで，法人自体への刑事処分を軽減させるという選択肢があります。しかし，その経営判断は極めて高度かつ難易度の高いものであり，その判断の基礎として，精度の高い事実調査が必須です。

　また，司法取引では，事案の全容解明に役立つ証拠を検察官に提出することを要します。関係者が会社に先んじて重要な証拠を検察官に持ち込んでしまえば，会社が司法取引を持ちかけても検察官は応じてくれません。したがって，経営陣は，役職員による犯罪の可能性を察知したら，迅速に精度の高い社内調査を実施して事実関係を把握し，そこで獲得した重要な証拠を検察官に持ち込んで司法取引を成立させるかどうか判断することが必要になります。

　今後，このような司法取引によって会社の損失を回避ないし減少させることが，役員の善管注意義務となっていく可能性もあります。

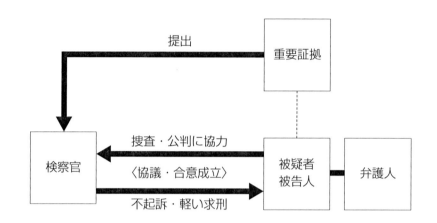

〈司法取引の適用事例〉

①三菱日立パワーシステムズ（MHPS）案件

東京地検
特捜部

取引成立，不起訴 → ● 三菱日立パワーシステムズ

起訴 → ● 元取締役常務執行役員
　　　エンジニアリング本部長
● 元執行役員調達総括部長
● 元ロジスティクス部長

外国公務員
贈賄

②日産自動車案件

東京地検
特捜部

起訴 → ● 日産自動車
● 元代表取締役会長
● 元代表取締役

取引成立，不起訴 → ● 専務執行役員ら

有価証券
報告書
虚偽記載

③GLADHAND案件

東京地検
特捜部

起訴 → ● 代表取締役
● 役員

取引成立，不起訴 → ● 不正に関与した経理担当社員

業務上
横領

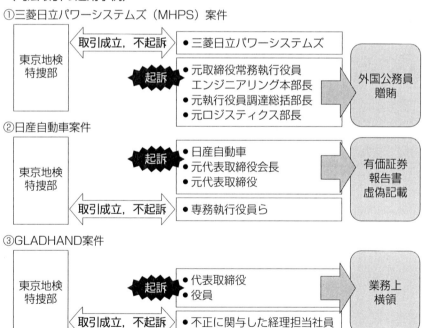

司法取引におけるカーブアウト

■カーブアウト

　社内調査の結果，自社の役職員の犯罪行為が確認された場合，会社としては，不正に関与した役職員を「他人」とし，「他人」に関する重要な証拠を捜査当局に提出することで司法取引を行い，会社に対する刑事処分を軽減させることが考えられます。このとき，どの役職員を「他人」として司法取引を行うか（いわゆるカーブアウト）は，非常に難しい問題です。

■4つの主なパターン

　そもそも，制度導入時に想定されていたのは，GLADHAND事案（**63** 参照）のように，末端の不正行為者の捜査協力により，組織または組織の上位者を摘発する（行為者主導型）というものでしたが，これは会社が「他人」とされるものですので，会社としての経営判断の選択肢には入りません。

　そこで，社内調査の結果，法人も処罰対象となる両罰規定が存在する犯罪行為が確認された場合，MHPS案件（**63** 参照）のように，会社が，不正に関与した役職員個人を「他人」として司法取引を行うことが考えられます（会社主導型）。また，両罰規定がない場合や，下位の役職員と協力関係が構築できる場合には，協働ないし連携して司法取引を行うことが考えられます（会社・行為者協力型）。さらに，複数社が共犯関係に立つ犯罪の場合には，会社が不正に関与した役職員と一緒に捜査協力することで，他社を「他人」として司法取引を行うことも考えられます（他社カーブアウト型）。

■社内調査への影響

　司法取引の適用対象となる事案では，会社側と役職員側のいずれが先に司法取引を行うかという鋭い対立関係が生じ得ます。社内調査に着手すると，それを察知した役職員が先に司法取引に走るかもしれず，また会社に先に司法取引をされないために調査に協力しないかもしれません。こうした事態も念頭に置きながら，できる限り精度の高い社内調査を進め，司法取引についての経営判断につなげていく必要があります。

行為者主導型

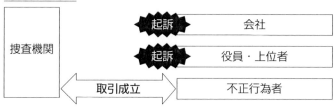

会社主導型

会社・行為者協力型

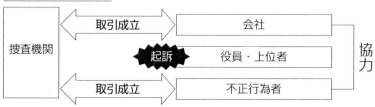

他社カーブアウト型

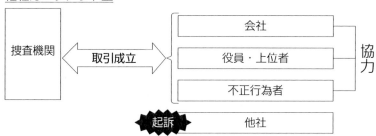

65　調査資料の保管

■調査資料の保管

　調査により収集した資料は，①調査の適切性の事後的な検証可能性を確保する必要があること，②関係者への責任追及その他の法的手続の証拠資料として確保する必要があること，③調査対象者や調査協力者その他の役職員・関係者のプライバシーや営業秘密に関する情報が含まれていることなどから，調査終了後も適切に保管する必要があります。

■保管主体

　調査資料は，調査主体となった部署が保管するのが原則です。

　もっとも，調査資料には，関係者のプライバシーや営業秘密に関わる情報が含まれており，たとえば社内の派閥争いなど，本来の目的以外に利用されるような事態は避けなければなりません。そこで，調査資料については，通常の文書保管に関するルールよりも，より厳格な取扱方法（たとえば閲覧には役員の承認を要するなど）を定めておくことも検討すべきです。

■具体的な保管方法

①　調査資料の整理

　調査資料は膨大になり，調査の過程では整理もままならないので，調査終了後は資料を時系列や類型ごとに整理し直してファイリングし，可能であれば資料リストを作成して保存します。また，関連部署から預かった証拠資料の原本は，返却しないと関連部署の業務に支障を来すので，写しをとって返却します。

②　保管期間

　保管期間は，会社の文書保管規則に定められている場合には当該規則に従うことになります。該当する規則がない場合，各種法令や法律上の時効期間を参考に，保管期間を決定します。

③　保管履歴の保存

　調査資料の保管状況をトレースできるよう，調査資料の保管，閲覧，コピー，加除等につき，記録を残すことも考えられます。

調査資料

- 関係者のプライバシー
- 営業秘密

厳重管理

調査チーム（調査担当部署）

資料の整理

資料のリスト化
管理履歴の作成

厳格な取扱方法の設定

第10章　不正行為の類型別の留意点

66 架空取引, キックバック

■不正の概要

架空取引とは，たとえば，Ａ社のＸ部長が，架空取引先に100万円の役務を架空発注して役務の提供を受けたことにして，Ａ社から架空取引先に100万円を支払わせ，この100万円をＸ部長が収受して着服する不正行為です。Ａ社には100万円の損害が発生します。

キックバックとは，たとえば，Ａ社のＸ部長が，下請先Ｂ社のＹ社長に100万円の役務を120万円で水増し発注して役務の提供を受け，Ａ社からＢ社に120万円を支払わせ，このうち水増し分20万円をＹ社長からＸ部長がキックバックを受けて収受する不正行為です。Ａ社には20万円（役務が無価値なものであれば120万円）の損害が発生します。

架空取引はＸ部長の単独犯であるのに対し，キックバックはＹ社長が共犯となってＸ部長に協力する点が異なります。Ｂ社はＡ社の下請先であるなど弱い立場にあり，Ｘ部長への協力を断ると仕事がもらえなくなるなどの弱い立場に付け込まれて協力させられることが多いといえます。

いずれの場合にもＸ部長の不正行為によりＡ社に財産的損害が発生し，Ｘ部長はＡ社に対して損害賠償責任を負います。また，Ｘ部長にはＡ社に対する詐欺罪，業務上横領罪，背任罪などの犯罪が成立する可能性があります。

■調査体制, 外部専門家

社内で不正行為に関与しているのは，Ｘ部長のみか周囲の少人数に限られるので，これらの関与者を調査対象として，本社のコンプライアンス部門が主体となって調査を行います。

Ｘ部長に対する懲戒解雇処分のほか，何らかの犯罪での刑事告訴，民事上の損害賠償請求（キックバックの場合は，Ｂ社との契約解除，Ｂ社やＹ社長に対する損害賠償請求も検討）などの法的措置が必要になります。そこで，初動調査の段階から，顧問弁護士に進め方を含めて相談しておくことが望ましいです。

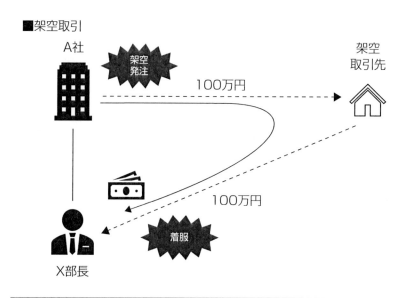

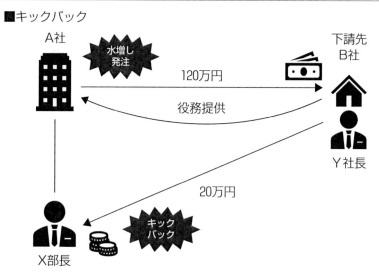

■調査のポイント

　A社としては，X部長の不正行為により被った損害を回復する必要があります。そこで，X部長に対する損害賠償請求を理由づけるために必要な事実関係を調査し，不正行為の内容を特定し，A社が被った損害の内容を特定することになります。

　架空取引の場合は，実在性のない取引の対価が支払われたことになりますので，取引に対するチェック体制や上長の管理体制のどこに問題があったのか，どのような体制があれば予防や発見ができたのかを精査することになります。

　キックバックの場合は，X部長の不正行為に協力したB社やY社長に対する損害賠償請求も検討することになります。もっとも，X部長が，協力しなければ仕事を出さないとY社長を脅して強引に協力させたケースも多いと思われ，その場合にはY社長も被害者的な立場といえるので，もしY社長が調査に全面的に協力するのであれば，B社に損害賠償請求しない，B社との取引を解除しないという対応もあり得るので，X部長とY社長との関係性やY社長も不正行為の経済的利益を得ていたかなどを丁寧に調査する必要があります。

　X部長が関与するすべての取引先で同種事案がないかの調査に加え，経費の不正流用など別の類型の不正行為がないかについても調査が必要になります。

■調査後の対応

　架空取引やキックバックは，ある程度の権限者がその気になれば容易に着手できる不正行為といえるので，原因究明をふまえた再発防止に力点を置くべきです。

　不正防止における「不正のトライアングル」理論と「性弱説」の考え方とを組み合わせ，「動機・機会・正当化の3要素が揃うと，生来弱い存在である社員は不正に転んでしまう」という観点から，調査した不正行為の原因を究明し，不正の3要素を抽出し，3要素を揃えないためにどのような予防統制と発見統制を講じるかを検討することが大事です。

　なお，過年度の決算の修正が必要になる場合には，監査法人とも協議して対応します。

	調査対象事実（５Ｗ１Ｈ）	検証する証拠	備考
本件調査	●取引の実在性の確認 ●架空発注か水増し発注かの見分け ●役務の適正額と水増し額の特定 ●会計処理の適正性の確認 ●不正の始期，始めた経緯と動機 ●社内の関与者の特定 ●社外の協力者の特定 ●不正の発覚を避けるための工夫や隠ぺい工作	●契約書や発注書の裏づけ資料 ●経理帳簿伝票 ●稟議決裁資料 ●仮装や隠ぺいを働くための資料の作成・入手方法	●具体的手口は件外調査に必要 ●不正の始期はどれだけの期間発見できなかったかの特定に必要 ●不正を始めた経緯と動機は原因分析に必要
件外調査 横の網羅性	●同種・類似の手口が他にも検出されたこと ●これ以外には検出されなかったこと	●本件調査で検出された手口や動機をキーに検証	●重大事象であれば全社アンケートや専用ホットラインも選択肢
縦の組織性	●Ｘ部長の上長の管理責任，なぜ予防できなかったのか，なぜ発見できなかったのか	●稟議決裁資料 ●部下・上司間のメール	●ヒアリングは周辺者が先，上長は後
原因究明 再発防止	●不正のトライアングル（動機・機会・正当化） ●Ｘ部長の個人的要因に帰す部分とＡ社の組織的要因に帰す部分	●コンプライアンス活動の状況 ●内部監査の状況	

67 各種ハラスメント

■不正の概要

　厚生労働省の「事業主が職場における性的な言動に起因する問題に関して雇用管理上講ずべき措置等についての指針」（セクハラ防止指針）および「事業主が職場における優越的な関係を背景とした言動に起因する問題に関して雇用管理上講ずべき措置等についての指針」（パワハラ防止指針）は，セクハラとパワハラを右図のとおり定義しており，自社の社員のほか，取引先等の社員に対するものも含めています。また，パワハラ防止指針は，カスタマーハラスメント（カスハラ）についても，右図のとおり言及しています。

　この3つ以外にも，ハラスメントの類型としては，マタニティハラスメント，アルコールハラスメント，ジェンダーハラスメント，SNSハラスメントなど，社会生活の変化に応じて次々と生起してきます。

■調査体制，外部専門家

　本社のコンプライアンス部門と人事部が主体となって調査することが原則です。例外として，行為者がコンプライアンス部門や人事部に所属している場合には内部監査部門が主体になる，行為者が取締役や執行役員レベルの場合には監査役会が主体になるなど，調査対象者からの独立性と情報管理を勘案して，最適な調査体制を構築します。

　ハラスメントは，被害者に対して，行為者の不法行為に基づく損害賠償責任（民法709条）が成立する可能性があり，行為者の使用者であるA社には使用者責任に基づく損害賠償責任（民法715条）が成立する可能性があります。行為者の懲戒処分や行為者に対する求償権行使も検討することになります。こうした法的措置を講じる必要があるので，初動調査の段階から，顧問弁護士に進め方を相談しておくことが望ましいです。

　なお，X部長がE社員に対してセクハラを行った場合，B社から事実関係の確認等の協力を求められたらA社はこれに応じる努力義務があり，協力を求められたことを理由にB社との契約を解除すること等は望ましくないとされました（セクハラ防止指針）。

セクシュアル ハラスメント	職場において行われる性的な言動に対するその雇用する労働者の対応により当該労働者がその労働条件につき不利益を受け，または当該性的な言動により当該労働者の就業環境が害されること
	他の事業主の雇用する労働者に対する職場におけるセクシュアルハラスメント
パワー ハラスメント	職場において行われる優越的な関係を背景とした言動であって，業務上必要かつ相当な範囲を超えたものにより，その雇用する労働者の就業環境が害されること
	取引先等の他の事業主が雇用する労働者または他の事業主（その者が法人である場合にあっては，その役員）からのパワーハラスメント
カスタマー ハラスメント	顧客等からの著しい迷惑行為（暴行，脅迫，ひどい暴言，著しく不当な要求等）

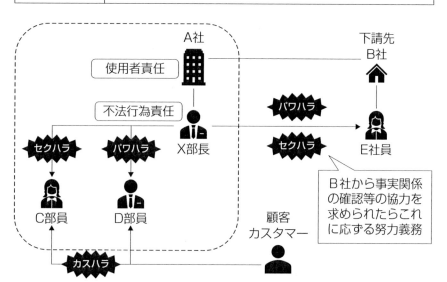

■調査のポイント

　ハラスメントは被害者が存在する不正行為ですので，調査の過程で被害者に「二次被害」を与えないことが重要になります。被害者が内部通報したことが行為者に伝わってしまい，報復を招くようなことは絶対に避けるべきです。一般的な内容を広く問う形のアンケートを行う，複数支店に一斉に内部監査に入る形をとるなど，調査の端緒を分からなくする工夫が求められます。

　行為者の弁解を聞いた上で，被害者にも事実を確認したり，被害者にも何らかの落ち度があったかを確認したりすることは必要な調査です。ただし，その聞き方や態度から，被害者にさらなる精神的ダメージを与えることは避けるべきです。

　また，調査チームは会社の業務執行の一環として，あくまで労使における使用者の立場で調査を行います。内部通報窓口の担当者が通報者から親身に話を聞くなかで，通報者から自分の味方だと誤解を受けることもありますが，そのような誤解を解く，あるいは誤解を招かないように注意する必要があります。

■調査後の対応

　ハラスメントは，被害を裏づける客観的な証拠がなく，被害者と行為者の双方の言い分が食い違っており，真偽不明の状況になることもあります。この場合には，行為者を懲戒処分にはできないものの，人事権を適正に行使して被害者と行為者とを別の部署に隔離することで職場の平穏を取り戻すことを検討します。ただし，被害者を意に反して異動させることは，報復人事と受け取られかねないので，慎重さが求められます。

　被害者が退職した後にハラスメント被害があったことが判明することもあります。この場合には，退職者だからと放置せず，適正な補償等を行うことも検討すべきです。

　カスハラがエスカレートした場合には，威力業務妨害と評価されることもあり，被害を受ける社員への安全配慮義務を履行するため，たとえ顧客であっても毅然と対応すべきです。取引先からセクハラやパワハラを受けている場合（Ｂ社のＥ社員）も同様です。

	調査対象事実（5W1H）	検証する証拠	備考
本件調査	●ハラスメント行為の具体的な内容 ●セクハラの行為要件に該当する事実があるか，対価型と環境型のいずれに該当するか ●パワハラの行為要件に該当する事実があるか，6類型のいずれに該当するか ●カスハラであれば具体的な被害内容 ●不正の始期，始めた経緯と動機 ●社内で被害を知る者の範囲	●被害者が供述する具体的な被害内容，これを裏づける資料（メールやSNSのやりとり，心療内科への通院記録など） ●加害者が供述する具体的な弁解内容，これを裏づける資料	●被害を裏づける客観的な証拠がなく，被害者と行為者の双方の言い分が食い違っており，真偽不明の状況になることもある
件外調査横の網羅性	●同種・類似の手口が他にも検出されたこと ●これ以外には検出されなかったこと	●本件調査で検出された手口や動機をキーに検証	●重大事象であれば全社アンケートや専用ホットラインも選択肢
縦の組織性	●X部長の上長の管理責任，なぜ予防できなかったのか，なぜ発見できなかったのか	●被害者以外の部員などから部内の状況を聞く，特に環境型セクハラやパワハラの場合に有効	●ヒアリングは周辺者が先，上長は後
原因究明再発防止	●不正のトライアングル（動機・機会・正当化） ●X部長の個人的要因に帰す部分とA社の組織的要因に帰す部分	●コンプライアンス活動の状況 ●内部監査の状況	

■参考となる資料

厚生労働省：「事業主が職場における性的な言動に起因する問題に関して雇用管理上講ずべき措置等についての指針」

「事業主が職場における優越的な関係を背景とした言動に起因する問題に関して雇用管理上講ずべき措置等についての指針」

データ漏えい，情報セキュリティ事故

■不正の概要

　データ漏えいや情報セキュリティ事故は，大きく，①社員によるメールや郵便物の誤送信，②社員によるデータ持ち出し・売却，③外部者によるサイバー攻撃，の3類型に分けられます。ここでは②の例を右図に示して解説します。

　A社の社員が，A社の顧客データベースにアクセスして大量の顧客データを持ち出し，名簿業者に売却します。この顧客データは，名簿業者から他の事業者や第三者に転売され，A社の顧客に対するDM送付や特殊詐欺などの犯罪行為に利用され，顧客は迷惑を被ります。

　ベネッセコーポレーションから顧客データが漏えいした事故では，子会社の業務委託先の社員がスマートフォンを利用して大量の顧客データ（約4,800万人分）を持ち出して複数の名簿業者に売却し，名簿業者から顧客データを購入した同業者がベネッセの顧客にDMを送付し，DMが届いたことを不審に思った顧客のベネッセに対する苦情が急増したことから，データ漏えいが判明しました。

■調査体制，外部専門家

　A社の情報セキュリティの問題なので，初動調査では，本社の情報システム部門とコンプライアンス部門が主体となって調査を行い，データ漏えいの概要の把握に努めます。しかし，データ漏えい経路（セキュリティ・ホール）を特定するには高度の専門的知見が必要となりますし，本格調査ではA社の情報セキュリティ体制の脆弱性こそが調査対象事実となりますので，早い段階から外部の情報セキュリティ専門家に協力を仰いで調査チームに加わってもらうことが有効です。

　また，データを持ち出した社員に対する懲戒処分や損害賠償請求に加え，迷惑をかけた顧客に対する補償や損害賠償，個人情報保護委員会への報告といった法的措置を講じる必要があるので，調査の初期の段階から，顧問弁護士に進め方を含めて相談しておくことが望ましいです。

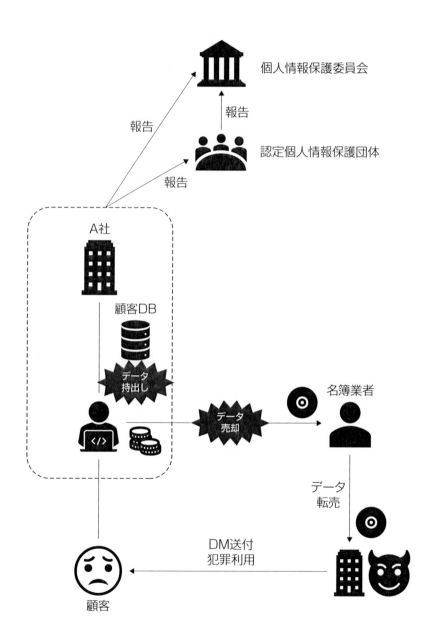

個人情報保護委員会

認定個人情報保護団体

報告

報告

報告

A社

顧客DB

データ
持出し

データ
売却

名簿業者

データ
転売

DM送付
犯罪利用

顧客

■調査のポイント

　最優先するのは，これ以上のデータ漏えいを差し止めて被害の拡大を防ぐために，データが社外に漏えいした経路（セキュリティ・ホール）をいち早く特定して閉塞することです。

　次に，データ漏えいの概要（件数，被害者数，内容，機微情報の有無など）を把握し，顧客対応をどのように進めるかの経営判断に供します。

　さらに，データ流通の川上と川下の両面から調査を行い，データの流通範囲を特定します。具体的には，データを持ち出した社員をヒアリングし，データを売却した名簿業者を特定し，その名簿業者に連絡して調査への協力を求めます（川上から）。また，顧客のヒアリングから顧客にDMを送付した事業者や第三者を特定し，その事業者や第三者にも連絡して調査への協力を求めます（川下から）。

　こうしてデータ漏えいの概要とデータの流出範囲を特定できたら，A社の情報セキュリティ体制の脆弱性について調査します。この際は，情報システム部門や担当役員は調査の主体ではなく対象となります。

■調査後の対応

　最優先するのは，データ漏えい事故の被害者となった顧客に対する二次被害の防止と補償です。たとえば，顧客のクレジットカード情報が漏えいしたのであれば，いち早く顧客に連絡してカード停止などの自衛策を講じてもらう必要があります。漏えいしたデータがまだ名簿業者の手元にある場合は，データの削除依頼や買戻しを交渉して原状回復を図ります。顧客への補償や損害賠償の交渉も，過去の判例や他社事例を参考にしながら誠意をもって進めます。

　データを持ち出した社員に対する損害賠償請求も行いますが，資力不足で回収できない場合が多いと思われます。外部者によるサイバー攻撃の場合には，加害者すら特定できません。データ漏えい事故では事後的な被害回復は望めないので，保険加入のほか，平時から情報セキュリティ強化に積極投資しておくことが大事になります。

| 対象事案 | ✓個人データ（特定個人情報に係るものを除く）の漏えい、滅失又は毀損
✓加工方法等情報（匿名加工情報の加工の方法に関する情報等）の漏えい
✓これらのおそれ |

望ましい対応

(1) 事業者内部における報告及び被害の拡大防止
(2) 事実関係の調査及び原因の究明
(3) 影響範囲の特定
(4) 再発防止策の検討及び実施
(5) 影響を受ける可能性のある本人への連絡（事案に応じて）
(6) 事実関係及び再発防止策等の公表（事案に応じて）

努力義務

個人情報保護委員会等への速やかな報告

※なお、別途、業法等で監督当局への報告が義務付けられている場合もあるため、注意が必要です。

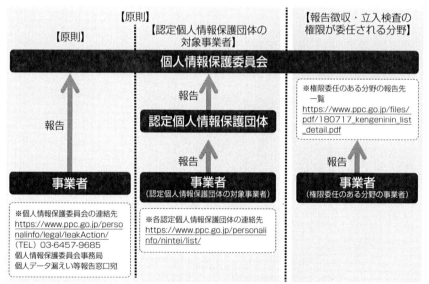

（出所）個人情報保護委員会：「漏えい等の事案が発生した場合等の対応等の概要について」
https://www.ppc.go.jp/files/pdf/190327_rouei_gaiyou.pdf

■参考となる資料
個人情報保護委員会：「個人データの漏えい等の事案が発生した場合等の対応について」
経済産業省：「サイバーセキュリティ経営ガイドラインVer 2.0」

69 会計不正，有価証券報告書虚偽記載

■不正の概要

　上場会社A社で不正な会計処理が行われた結果，投資家に開示する書類に虚偽の記載が行われる事例です（不正の影響額が小さく開示に影響を与えないケースはここでは除きます）。

　上場会社は，四半期ごとに証券取引所に「決算短信」を提出して投資家に開示します。また，第1ないし第3四半期には「四半期報告書」を，通期には「有価証券報告書」を作成し，監査法人の監査意見を添えて財務局に提出して投資家に開示します。

　上場会社の株式は証券取引所で日々刻々と売買されており，財務状況を継続的に開示することは，上場を維持するための必須条件です。そこで，決算日から起算して，決算短信と四半期報告書は45日以内，有価証券報告書は3カ月以内に提出することが義務づけられており，原則1カ月間の延長は認められますが，延長された期限内に提出できなければ，上場廃止となります。

　金融商品取引法は，証券市場の公正性を守るため，四半期報告書と有価証券報告書の虚偽記載に対し，刑事罰，課徴金，民事損害賠償責任という重い制裁を課しています。

■調査体制，外部専門家

　会計処理の適正性の問題なので，本来専門性があるのは本社の経理部門です。しかし，事業部門や連結子会社で会計不正が起きたことは，本社の経理部門による財務報告に係る（グループ）内部統制に不備があったことが見込まれるので，当事者的な立場の本社の経理部門が調査主体になることは妥当ではありません。

　そこで，独立した外部の公認会計士（および弁護士）を委員とする調査委員会を設置して，客観的な調査を実施することが通例であり，監査法人もそのような調査体制を求めてきます。

　この際，会社の内情を知る社外役員を調査委員に加えることは，調査の客観性を保ちつつ効率を上げるために有効な手段となります。

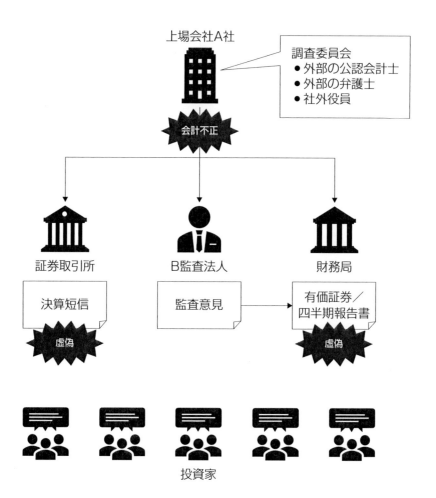

■調査のポイント

　会計不正の調査は，概ね，本件調査→件外調査→影響額算定→過年度決算修正→縦の網羅性→原因究明→再発防止，という流れで進められます。

　監査法人に監査意見を出してもらうには，件外調査によって同種・類似の会計不正がすべて検出されており，「他に同種・類似の会計不正がない」という合理的な心証を形成してもらう必要があります。

　しかし，「他にないこと」を直接に証明することはできないので，「これだけの網羅的・多角的な調査を実施したが，これだけしか検出されなかった，だから他にはないことが合理的に推認される」というデューディリジェンス的な論証をして，監査法人に受け容れてもらうことになります。

　このため，会計不正の調査では「網羅的・多角的な調査」が不可避となり，同種・類似の手口が疑われる会計処理について，過去に遡った網羅的・多角的な検証を行います。実務上は，デジタルフォレンジックを駆使して大量のデジタルデータから有意な情報を抽出することも必要になります。

　この件外調査には，膨大な工数と時間とコストが必要となり，調査スケジュールを圧迫します。どれだけ早く調査に着手できるか，どれだけ効率的に件外調査を進められるかがカギになります。

■調査後の対応

　調査委員会が作成した調査報告書をふまえて，過年度決算を遡及修正した「決算短信」を証券取引所に，「四半期報告書」と「有価証券報告書」を財務局にそれぞれ提出し，投資家に開示します。本来の提出期限に間に合いそうにないときは，早めに証券取引所や財務局と折衝し，開示が遅延することの承認を得て，投資家に開示します。

　調査報告書に指摘された原因分析と再発防止策をふまえて，再発防止策が着実に実践されていることを取締役会と監査役会等がモニタリングします。

	調査対象事実（5W1H）	検証する証拠	備考
本件調査	●不正な会計処理の具体的手口，不正に使われた費目 ●不正の始期，始めた経緯と動機 ●発案者，実行者，承認者の特定 ●その部署で不正を知る者の範囲 ●不正の発覚を避けるための工夫や隠ぺい工作	●経理帳簿伝票 ●稟議決裁資料 ●会計処理の裏づけとなる契約書や資料 ●仮装や隠ぺいを働くための資料の作成・入手方法	●具体的手口は件外調査に必要 ●不正の始期は過年度修正に必要 ●不正を始めた経緯と動機は原因分析に必要
件外調査 横の網羅性	●同種・類似の手口が他にも検出されたこと ●これ以外には検出されなかったこと	●本件調査で検出された手口，費目，動機，隠ぺい工作をキーに検証	●全社アンケートや専用ホットラインも選択肢 ●監査法人と協議しながら
影響額算定 過年度修正	●実際の仕訳と本来の仕訳の特定 ●本来の仕訳に戻したときの影響額の算定 ●過年度決算のどの費目をいくら修正するか		●監査法人と協議しながら
縦の組織性	●上司に隠れて実行したのか，上司の指示に従ったのか，上司は知りながら黙認したのか ●不正を認識した最上位者は誰か，なぜ止めなかったのか	●稟議決裁資料 ●部下・上司間のメール	●ヒアリングは下位者が先，上位者は後
原因究明 再発防止	●不正のトライアングル（動機・機会・正当化） ●経営陣からの過度な業績プレッシャーの有無 ●会社の置かれている経営環境，ここ数年の業績	●決算説明資料 ●中期経営計画 ●取締役会議事録 ●監査役会等議事録	

■参考となる資料
日本公認会計士協会：「不正調査ガイドライン」

70　品質不正，検査データ偽装

■不正の概要

　メーカーＡ社のＢ工場で，顧客に製品を出荷する際に発行する検査成績書に，「改ざん」または「ねつ造」（以下まとめて「偽装」といいます）した検査データを記載する行為が典型例です。

　行為者は，Ｂ工場において製品の出荷前検査を行い，検査成績書を作成する品質保証部門の従業員であることが多いです。

　顧客との間で製品ごとに出荷前検査における検査データの許容範囲を取り決めており，実測データが許容範囲を外れると，本来なら出荷できずに納期遅延や再製造となってしまいます。これを避けるために偽装した検査データを検査成績書に記載します。

　不正競争防止法２条１項20号にいう「商品若しくは役務若しくはその広告若しくは取引に用いる書類若しくは通信にその商品の原産地，品質，内容，製造方法，用途若しくは数量若しくはその役務の質，内容，用途若しくは数量について誤認させるような表示をし，又はその表示をした商品を譲渡し，引き渡し，譲渡若しくは引渡しのために展示し，輸出し，輸入し，若しくは電気通信回線を通じて提供し，若しくはその表示をして役務を提供する行為」に該当し，行為者はもとより法人も両罰規定により処罰されます。

■調査体制，外部専門家

　本社コンプライアンス部門が主体となって調査を行います。必要に応じて内部監査部門にも協力を仰ぎます。

　本社の品質保証部門を調査チームに入れるべきかが問題となりますが，Ｂ工場の品質保証部門で検査データ偽装が行われたことは，本社の品質保証部門のＢ工場に対する管理能力や管理責任が問われることになるので，調査に協力させることはあっても，調査チームには入れないほうが妥当です。

　社内調査とその後の顧客・市場対応には，品質保証の専門的知見が必須となるので，外部の専門家を起用して，支援や助言を受けながら進めるべきでしょう。

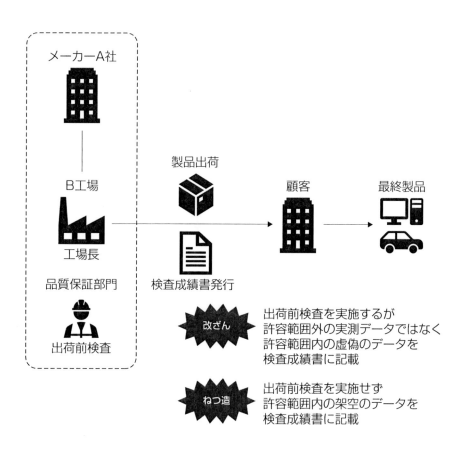

改ざん　出荷前検査を実施するが
許容範囲外の実測データではなく
許容範囲内の虚偽のデータを
検査成績書に記載

ねつ造　出荷前検査を実施せず
許容範囲内の架空のデータを
検査成績書に記載

■調査のポイント

　検査データ偽装の事案では，社内調査の結果をふまえたその後の顧客対応や市場対応を念頭に置きながら調査を進める必要があります。

　顧客の最大の関心事は，「最終製品が物的・人的被害を及ぼすおそれがあるか」という点です。このおそれがあれば，顧客は直ちに最終製品の回収やリコールといった大規模な市場対応を行う必要があります。逆に，このおそれがなければ，あとは顧客との協議で必要な事後対応を講じます。

　「最終製品が物的・人的被害を及ぼすおそれはない」とB工場やA社が判定したとしても，顧客には信用されません。そこで，独立した第三者機関に安全性の検証を委託し，結論を出してもらうことが現実的です。

　安全性の検証では，過去に出荷した製品の品質に関する真正なデータを確保する必要があります。出荷前検査を実施して実測データが保存されていれば，このデータを使用できます。あるいは，偽装された製品のロットから抜き取った製品サンプルが手元に保管されていれば，このサンプルを検査してデータを採取できます。実測データも製品サンプルも確保できなければ，顧客に依頼して在庫の一部を使わせてもらうことも検討する必要があります。

　検査データ偽装は，B工場の他の製品でも，B工場以外の他の工場でも行われている可能性が極めて高いので（納期遅延や再製造を避けたいという動機はどの工場も共通），これを機にすべての検査データ偽装を一斉に発見して是正し，絶対に再発させないという姿勢が重要です。

■調査後の対応

　検査データ偽装の対応に要する費用と時間を概算し，状況が変わる都度見直します。開示している業績予想の下方修正が必要になれば，適時開示します。

　また，顧客に事情を説明することになりますが，検査データ偽装がA社にとってのインサイダー情報（重要事実）になり得ることは，顧客に注意喚起しておくべきでしょう。

	調査対象事実（5W1H）	検証する証拠	備考
本件調査	●「改ざん」か「ねつ造」か ●出荷前検査は実施されたか ●出荷前検査で実測データを採取したか ●採取した実測データは保存されているか，改ざんされていないか	●出荷前検査の手順書やマニュアル ●出荷前検査の実測データが格納されるサーバーやPC ●実測データと思われるデータのプロパティ	●サーバーやPCのデジタルフォレンジックが有効 ●プロパティから改ざん履歴を確認 ●削除された実測データが復元できることも
	●偽装された製品・型番・ロットの特定 ●偽装を開始した時期の特定 ●偽装を開始した経緯や動機の把握	●発行された検査成績書 ●出荷履歴台帳 ●決裁権限規程 ●稟議決裁書面 ●社内報告メール	●ヒアリングで偽装を開始した経緯や動機を確認 ●ヒアリングは下位者が先，上位者は後 ●前任者から教わったなど，始期が特定できないケースも
	●製品サンプルの確保 ●製品サンプルの検査による真正データの採取	●製品サンプルを格納した倉庫 ●製品サンプル管理台帳	
製品の安全性	●製品の安全性の検証 ●最終製品が物的・人的被害を及ぼすおそれがあるか ●製品が安全であるとなぜいえるのか，その客観的根拠を示せるか	●独立した第三者機関が作成した調査報告書	●検証が真正データに基づいていることをどのように証明するか
件外調査横の網羅性	●B工場の他の製品でないことの確認 ●B工場以外の他の工場で同種事案がないことの確認	●全工場対象アンケート ●専用ホットライン	●すべての検査データ偽装を一斉に発見して是正する姿勢が重要

外国公務員贈賄

■不正の概要

　不正競争防止法18条１項に違反する行為です。

　Ａ社のＢ国支店/子会社の役職員が，Ｂ国の公務員に対し，営業上の不正の利益を得るために，直接にあるいは第三者を介して間接に，利益を供与し，申込み，約束する行為がこれに当たります。

　日本国外で贈賄行為が行われても，行為者が日本人であれば不正競争防止法で処罰されます（属人主義）。

　行為者は５年以下の懲役もしくは500万円以下の罰金に処せられ，法人も３億円以下の罰金刑に処せられます（両罰規定）。

　日本の不正競争防止法のほか，贈賄行為が行われたＢ国の法令でも処罰されます（属地主義）。また，米国のForeign Corrupt Practices Actや英国のBribery Actの域外適用を受け，巨額の制裁金を課せられた事例も複数あります。

■調査体制，外部専門家

　本社コンプライアンス部門が主体となって調査を行います。必要に応じて経理部門や内部監査部門にも協力を仰ぎます。

　ただし，もし本社の役員レベルが贈賄行為を事前/事後に承認していたときは，その役員が調査対象となるので，監査役会等が調査主体となる，あるいは社外役員を委員とする調査委員会を設置するなどの対応が必要になります。

　調査には，以下の理由から，外国公務員贈賄に詳しい弁護士が関与すべきでしょう。

①外国公務員への金銭交付の有無など難易度の高い事実認定を行う必要がある。

②不正競争防止法などの犯罪該当性を法的に判断する必要がある。

③Ｂ国における弁護士・依頼者間の通信の秘密や英米法における弁護士・依頼者間秘匿特権を会社が享受できる可能性がある。

④調査の過程で個人データの越境（Ｂ国外への持ち出し）についての法的判断が必要になる場合がある。

不正競争防止法18条 1 項
- 何人も，【主体】
- 外国公務員等に対し，【相手】
- 国際的な商取引に関して営業上の不正の利益を得るために，その外国公務員等に，その職務に関する行為をさせ若しくはさせないこと，又はその地位を利用して他の外国公務員等にその職務に関する行為をさせ若しくはさせないようにあっせんをさせることを目的として，【目的】
- 金銭その他の利益を供与し，又はその申込み若しくは約束をしてはならない。【行為】

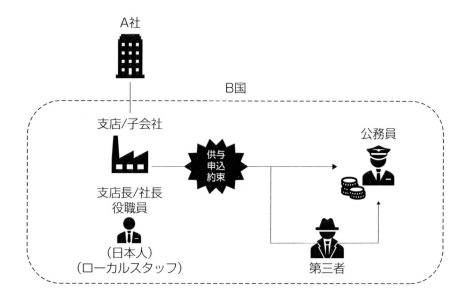

172

■調査のポイント

外国公務員贈賄の事案は，概ね「公務員からの金銭要求→公務員との金額合意→社内の承認手続→資金の準備→公務員に金銭交付→社内の会計処理」という流れを辿ります。これらの事実の流れを５Ｗ１Ｈで詳細に確認します。

事実調査のポイントは以下の点です。

(1) 相手は本当に外国公務員か。どのような役職でどのような職務権限を有しているか（犯罪の成否に直結）

(2) 金銭の要求と交付は事実か。役職員や第三者が金銭を着服するための作り話ではないか（金銭交付の直接証拠は存在しないのが通常）

(3) 犯罪行為と知りながらなぜ贈賄したか。動機は何か。どのようなメリットを獲得あるいはデメリットを回避しようとしたか。贈賄の結果受けた行政サービスは通常のものか特別のものか（営業上の不正の利益を得る目的の確認）

(4) 社内で金銭交付と会計処理を承認した最上位者はだれか。部下が上司をかばって嘘をついていないか（縦の組織性，デジタルフォレンジックで部下・上司間のメールを検証することが有効）

(5) Ｂ国の支店/子会社で別の公務員に対する金銭交付はないか。Ｂ国以外の海外支店/子会社で同種事案はないか（横の網羅性，会計処理の費目や公務員の職務権限をキーに）

■調査後の対応

これまで継続してきた外国公務員への金銭交付を止めると，相手の外国公務員から嫌がらせや報復を受けるおそれがあるので，現地の弁護士などと事前に対応を協議しておきます。

不正な会計処理がなされたことについて，速やかに監査法人に伝えて対応を協議します。犯罪該当性が確認されたら，捜査機関に自主申告し，自首や司法取引により会社が被るダメージを最小化します。

流れ	調査対象事実（5W1H）	検証する証拠	備考
金銭要求	●誰が（氏名，役職，職務権限） ●いつ，どこで，誰に，どのように ●いくらを要求，通貨は ●応じないとどうなるといわれたか	●公務員作成資料 ●スケジュール帳 ●旅費交通費 ●接待交際費 ●社用車運行記録 ●防犯カメラ ●社内報告メール ●面談録音データ	●相手は外国公務員か第三者か ●応じないとどうなると思ったか ●こちらから持ち掛けた話か
金額合意	●誰が，誰と，いつ，どこで，どのように		●要求から合意に至るまでの経緯
社内承認	●どのように申請し，誰が承認したか ●どのようなメリットを獲得／デメリットを回避しようとしたか ●贈賄の結果受けた行政サービスは通常か特別か	●決裁権限規程 ●稟議決裁資料 ●会議体議事録 ●社内報告メール ●部下・上司間のメール	●必ず最上位者まで辿る ●部下と上司の双方に確認する
資金準備	●どの通貨で，どのような姿で ●銀行から，金庫から，裏金から ●裏金の作り方，外部協力者	●経理帳簿伝票 ●現金出納帳 ●銀行取引履歴 ●契約書や裏づけ資料 ●社内報告メール	●現金の動き ●会計処理が決まるまで仮払金計上など
金銭交付	●誰が，誰に，いつ，どこで，どのように ●直接証拠はあるか（ないのが通常） ●間接証拠はあるか（前足，後足）	●スケジュール帳 ●旅費交通費 ●接待交際費 ●社用車運行記録 ●防犯カメラ ●社内報告メール	●着服横領やキックバックの疑い（常にこの疑いがつきまとう）
会計処理	●どの費目で，どの証憑で，どの期間で ●本来の会計処理でないこと	●経理帳簿伝票 ●現金出納帳 ●銀行取引履歴 ●契約書や裏づけ資料 ●社内報告メール	●必ず最上位者まで辿る ●部下と上司の双方に確認する

■参考となる資料
経済産業省：「外国公務員贈賄防止指針」
日本弁護士連合会：「海外贈賄防止ガイダンス（手引）」

■巻末資料①

「上場会社における不祥事予防のプリンシプル」の策定について

2018年3月30日
日本取引所自主規制法人

Ⅰ．趣旨

　近年、上場会社における多くの不祥事が表面化し報道されています。業種を超え、規模の大小にかかわらず広がっている現状です。これらの中には、最近になって発生した事象もあれば、これまで潜在していたものが顕在化した事象も見られます。いずれにせよ、これら不祥事は、その社会的影響の広がりに加え、当該企業の社会的評価を下げ、業績に悪影響を及ぼし、株価の下落も相俟ってその企業価値を毀損します。さらに、上場会社の間で不祥事が頻発するような資本市場は、コーポレート・ガバナンスが機能していない市場とみなされ、その信頼性を失うこととなります。

　日本取引所自主規制法人は2016年2月に『不祥事対応のプリンシプル』を策定し、実際に不祥事に直面した上場会社の速やかな信頼回復と確かな企業価値の再生に向けた指針を示しました。しかし、不祥事がまれな事象でなくなった現状において、不祥事の発生そのものを予防する取組みが上場会社の間で実効性を持って進められる必要性が高まっています。そこで、不祥事発生後の事後対応に重点を置いた上記プリンシプルに加えて、事前対応としての不祥事予防の取組みに資するため、今般『不祥事予防のプリンシプル』を策定しました。上場会社においては、これらのプリンシプルを車の両輪として位置付け、実効性の高い取組みを推進していただくことを期待しています。

　本プリンシプルにおける各原則は、各上場会社において自社の実態に即して創意工夫を凝らし、より効果的な取組みを進めていただくための、プリンシプル・ベースの指針です。また、仮に本プリンシプルの充足度が低い場合であっても、上場規則等の根拠なしに当法人が上場会社に対する不利益処分等を行うものではありません。むしろ、上場会社が自己規律を発揮していただく際の目安として活用されることを期待しています。また、上場会社に助言等を行う法律専門家や会計専門家、さらには広く株主・投資者の皆様にも共有され、企業外のステークホルダーからの規律付けが高まることも期待されます。

> 日本取引所自主規制法人は、（株）日本取引所グループの一員として、東京証券取引所及び大阪取引所の上場審査、上場管理、売買審査、考査等の業務を一手に担っている、金融商品取引法に基づく自主規制機関です。上場会社に関しては、有価証券報告書虚偽記載や不適正開示、企業行動規範の違反など、資本市場の基本インフラを直接脅かす事案において、上場規則に基づき、問題を起こした上場会社への不利益処分を判断する権限を有しています。他方、企業がその業務遂行の過程で犯した不正や不適切行為そのもの（上述の上場規則違反に該当しないもの）に対しては、直接の権限を行使する立場にありません。しかし、我が国資本市場の信頼性向上のために、上場管理業務を行っていく中で蓄積した知見を、プリンシプルなどの形で広く共有することは、有益であると考えています。

Ⅱ. 上場会社における不祥事予防のプリンシプル

上場会社における不祥事予防のプリンシプル
～企業価値の毀損を防ぐために～

　上場会社は、不祥事（重大な不正・不適切な行為等）を予防する取組みに際し、その実効性を高めるため本プリンシプルを活用することが期待される。この取組みに当たっては、経営陣、とりわけ経営トップによるリーダーシップの発揮が重要である。

[原則１]　実を伴った実態把握
　自社のコンプライアンスの状況を制度・実態の両面にわたり正確に把握する。明文の法令・ルールの遵守にとどまらず、取引先・顧客・従業員などステークホルダーへの誠実な対応や、広く社会規範を踏まえた業務運営の在り方にも着眼する。その際、社内慣習や業界慣行を無反省に所与のものとせず、また規範に対する社会的意識の変化にも鋭敏な感覚を持つ。
　これらの実態把握の仕組みを持続的かつ自律的に機能させる。

[原則２]　使命感に裏付けられた職責の全う
　経営陣は、コンプライアンスにコミットし、その旨を継続的に発信し、コンプライアンス違反を誘発させないよう事業実態に即した経営目標の設定や業務遂行を行う。
　監査機関及び監督機関は、自身が担う牽制機能の重要性を常に意識し、必要十分な情報収集と客観的な分析・評価に基づき、積極的に行動する。
　これらが着実に実現するよう、適切な組織設計とリソース配分に配意する。

[原則３]　双方向のコミュニケーション
　現場と経営陣の間の双方向のコミュニケーションを充実させ、現場と経営陣がコンプライアンス意識を共有する。このためには、現場の声を束ねて経営陣に伝える等の役割を担う中間管理層の意識と行動が極めて重要である。
　こうしたコミュニケーションの充実がコンプライアンス違反の早期発見に資する。

[原則４]　不正の芽の察知と機敏な対処
　コンプライアンス違反を早期に把握し、迅速に対処することで、それが重大な不祥事に発展することを未然に防止する。
　早期発見と迅速な対処、それに続く業務改善まで、一連のサイクルを企業文化として定着させる。

[原則５]　グループ全体を貫く経営管理
　グループ全体に行きわたる実効的な経営管理を行う。管理体制の構築に当たっては、自社グループの構造や特性に即して、各グループ会社の経営上の重要性や抱えるリスクの高低等を踏まえることが重要である。
　特に海外子会社や買収子会社にはその特性に応じた実効性ある経営管理が求められる。

[原則６]　サプライチェーンを展望した責任感
　業務委託先や仕入先・販売先などで問題が発生した場合においても、サプライチェーンにおける当事者としての役割を意識し、それに見合った責務を果たすよう努める。

Ⅲ. 各原則の解説

> [原則1] 実を伴った実態把握
> 　自社のコンプライアンスの状況を制度・実態の両面にわたり正確に把握する。明文の法令・ルールの遵守にとどまらず、取引先・顧客・従業員などステークホルダーへの誠実な対応や、広く社会規範を踏まえた業務運営の在り方にも着眼する。その際、社内慣習や業界慣行を無反省に所与のものとせず、また規範に対する社会的意識の変化にも鋭敏な感覚を持つ。
> 　これらの実態把握の仕組みを持続的かつ自律的に機能させる。

（解説）

1-1　自社のコンプライアンスの状況を正確に把握することが、不祥事予防の第一歩となる。コンプライアンスに係る制度やその運用状況はもとより、自社の企業風土や社内各層への意識の浸透度合い等を正確に把握することにより、自社の弱点や不祥事の兆候を認識する。その際、現状のコンプライアンス体制が問題なく運用されているとの思い込みを捨て、批判的に自己検証する。

1-2　コンプライアンスは、明文の法令・ルールの遵守だけに限定されるものではなく、取引先・顧客・従業員などステークホルダーへの誠実な対応を含むと理解すべきである。さらに、広く社会規範を意識し、健全な常識やビジネス倫理に照らして誠実に行動することまで広がりを持っているものである。
　　こうした規範に対する社会的受け止め方は時代の流れに伴い変化する部分がある。社内で定着している慣習や業界慣行が、実は旧弊やマンネリズムに陥っていたり、変化する社会的意識と乖離したりしている可能性も意識しつつ、社内・社外の声を鋭敏に受け止めて点検を行うことが必要となる。

1-3　本来は、通常の業務上のレポーティング・ラインを通じて、正確な情報が現場から経営陣に確実に連携されるメカニズムが重要である。一方、本来機能すべきレポーティング・ラインが目詰まりした場合にも備え、内部通報や外部からのクレーム、株主・投資者の声等を適切に分析・処理し、経営陣に正確な情報が届けられる仕組みが実効性を伴って機能することが重要である。
　　こうした実態把握の仕組みが、社内に定着し、持続的・自律的に機能していくことが重要である。

1-4　なお、自社の状況や取組みに関する情報を対外発信し、外部からの監視による規律付けを働かせることも効果的な取組みの一つとして考えられる。

> （不祥事につながった問題事例）
> ✓　検査工程や品質確認等の業務において、社内規則に反する旧来の慣行を漫然と継続し、違反行為を放置
> ✓　労働基準を超えた長時間労働の常態化、社会規範を軽視したハラスメントの放置の結果、社会問題にまで波及
> ✓　内部告発が隠蔽され、上位機関まで報告されないなど、内部通報制度の実効性が欠如

> ［原則２］　使命感に裏付けられた職責の全う
> 　　経営陣は、コンプライアンスにコミットし、その旨を継続的に発信し、コンプライアンス違反を誘発させないよう事業実態に即した経営目標の設定や業務遂行を行う。
> 　　監査機関及び監督機関は、自身が担う牽制機能の重要性を常に意識し、必要十分な情報収集と客観的な分析・評価に基づき、積極的に行動する。
> 　　これらが着実に実現するよう、適切な組織設計とリソース配分に配意する

（解説）

2-1　コンプライアンスに対する経営陣のコミットメントを明確化し、それを継続的に社内に発信することなど様々な手段により全社に浸透させることが重要となる。
　　コンプライアンスへのコミットメントの一環として経営陣は、社員によるコンプライアンスの実践を積極的に評価し、一方でコンプライアンス違反発覚時には、経営陣を含め責任の所在を明確化し的確に対処する。実力とかけ離れた利益目標の設定や現場の実態を無視した品質基準・納期等の設定は、コンプライアンス違反を誘発する。

2-2　監査機関である監査役・監査役会・監査委員会・監査等委員会と内部監査部門、及び監督機関である取締役会や指名委員会等が実効性を持ってその機能を発揮するためには、必要十分な情報収集と社会目線を踏まえた客観的な分析・評価が不可欠であり、その実務運用を支援する体制の構築にも配意が必要である。また、監査・監督する側とされる側との間の利益相反を的確にマネジメントし、例えば、実質的な「自己監査」となるような状況を招かないよう留意する。
　　監査・監督機関は、不祥事発生につながる要因がないかを能動的に調査し、コンプライアンス違反の予兆があれば、使命感を持って対処する。
　　監査・監督機関の牽制機能には、平時の取組みはもちろんのこと、必要な場合に経営陣の適格性を判断する適切な選任・解任プロセスも含まれる。

（不祥事につながった経営陣に係る問題事例）
- ✓ 経営トップが事業の実力とかけ離れた短期的目線の利益目標を設定し、その達成を最優先課題としたことで、役職員に「コンプライアンス違反をしてでも目標達成をすべき」との意識が生まれ、粉飾決算を誘発
- ✓ 経営陣や現場マネジメントが製造現場の実態にそぐわない納期を一方的に設定した結果、現場がこれに縛られ、品質コンプライアンス違反を誘発

（不祥事につながった監査・監督機関に係る問題事例）
- ✓ 元財務責任者（CFO）が監査担当部門（監査委員）となり、自身が関与した会計期間を監査することで、実質的な「自己監査」を招き、監査の実効性を阻害
- ✓ 指名委員会等設置会社に移行するも、選解任プロセスにおいて経営トップの適格性を的確に評価・対処できないなど、取締役会、指名委員会、監査委員会等の牽制機能が形骸化

（不祥事につながった組織設計・リソース配分に係る問題事例）
- ✓ 製造部門と品質保証部門で同一の責任者を置いた結果、製造部門の業績評価が品質維持よりも重視され、品質保証機能の実効性を毀損
- ✓ 品質保証部門を実務上支援するために必要となるリソース（人員・システム）が不足

［原則３］　双方向のコミュニケーション
　　現場と経営陣の間の双方向のコミュニケーションを充実させ、現場と経営陣がコンプライアンス意識を共有する。このためには、現場の声を束ねて経営陣に伝える等の役割を担う中間管理層の意識と行動が極めて重要である。
　　こうしたコミュニケーションの充実がコンプライアンス違反の早期発見に資する。

（解説）

3-1　現場と経営陣の双方向のコミュニケーションを充実させることと、双方のコンプライアンス意識の共有を図ることは、一方が他方を支える関係にあり、両者が相俟って不祥事の予防につながる。
　　双方向のコミュニケーションを充実させる際には、現場が忌憚なく意見を言えるよう、経営陣が現場の問題意識を積極的に汲み上げ、その声に適切に対処するという姿勢を明確に示すことが重要となる。

3-2　現場と経営陣をつなぐハブとなる中間管理層は、経営陣のメッセージを正確に理解・共有して現場に伝え根付かせるとともに、現場の声を束ねて経営陣に伝えるという極めて重要な役割を担っている。このハブ機能を十全に発揮させるためには、経営陣が、その役割を明確に示し、評価するとともに、中間管理層に浸透させるべきである。
　　双方向のコミュニケーションが充実すれば、現場の実態を無視した経営目標の設定等を契機とした不祥事は発生しにくくなる。

3-3　これらが定着することで、現場のコンプライアンス意識が高まり、現場から経営陣への情報の流れが活性化して、問題の早期発見にも資する。

（不祥事につながった問題事例）
✓ 経営陣が各部門の実情や意見を踏まえず独断的に利益目標・業績改善目標を設定し、各部門に達成を繰り返し求めた結果、中間管理層や現場のコンプライアンス意識の低下を招き、全社的に職責・コンプライアンス意識の希薄化を招来
✓ 経営陣から実態を無視した生産目標や納期の必達を迫られても現場は声を上げられず、次第に声を上げても仕方がないという諦め（モラルの低下）が全社に蔓延
✓ 経営陣が「現場の自立性」を過度に尊重する古い伝統に依拠したことで、製造現場と経営陣の間にコミュニケーションの壁を生じさせ、問題意識や課題の共有が図れない企業風土を醸成。その結果、経営陣は製造現場におけるコンプライアンス違反を長年にわたり見過ごし、不祥事が深刻化

［原則４］　不正の芽の察知と機敏な対処
　　コンプライアンス違反を早期に把握し、迅速に対処することで、それが重大な不祥事に発展することを未然に防止する。
　　早期発見と迅速な対処、それに続く業務改善まで、一連のサイクルを企業文化として定着させる。

（解説）

4-1　どのような会社であっても不正の芽は常に存在しているという前提に立つべきである。不祥事予防のために重要なのは、不正を芽のうちに摘み、迅速に対処することである。
　　このために、原則１〜３の取組みを通じ、コンプライアンス違反を早期に把握し、迅速に対処する。また、同様の違反や類似の構図が他部署や他部門、他のグループ会社にも存在していないかの横展開を行い、共通の原因を解明し、それに即した業務改善を行う。
　　こうした一連のサイクルが企業文化として自律的・継続的に機能することで、コンプライアンス違反が重大な不祥事に発展することを未然防止する。この取組みはコンプライアンス違反の発生自体を抑止する効果も持ち得る。

4-2　経営陣がこうした活動に取り組む姿勢や実績を継続的に示すことで、全社的にコンプライアンス意識を涵養できる。また、このような改善サイクルの実践が積極的に評価されるような仕組みを構築することも有益である。

4-3　なお、趣旨・目的を明確にしないコンプライアンス活動や形式のみに偏ったルールの押付けは、活動の形骸化や現場の「コンプラ疲れ」を招くおそれがある。事案の程度・内容に即してメリハリをつけ、要所を押さえた対応を継続して行うことが重要である。

（不祥事につながった問題事例）
✓　社内の複数ルートからコンプライアンス違反に係る指摘がなされても、調査担当部署が表面的な聴き取り対応のみで「問題なし」と判断。違反行為の是正や社内展開等を行わなかった結果、外部からの指摘を受けて初めて不祥事が露見し、企業価値を大きく毀損
✓　過去の不祥事を踏まえて再発防止策を講じたものの、的を射ない機械的な対応に終始したことで、現場において「押し付けられた無駄な作業」と受け止められる。当該作業が次第に形骸化し、各現場の自律的な取組みとして定着しなかった結果、同種不祥事の再発に至る

[原則5] グループ全体を貫く経営管理

　グループ全体に行きわたる実効的な経営管理を行う。管理体制の構築に当たっては、自社グループの構造や特性に即して、各グループ会社の経営上の重要性や抱えるリスクの高低等を踏まえることが重要である。

　特に海外子会社や買収子会社にはその特性に応じた実効性ある経営管理が求められる。

（解説）

5-1　不祥事は、グループ会社で発生したものも含め、企業価値に甚大な影響を及ぼす。多数のグループ会社を擁して事業展開している上場会社においては、子会社・孫会社等をカバーするレポーティング・ライン（指揮命令系統を含む）が確実に機能し、監査機能が発揮される体制を、本プリンシプルを踏まえ適切に構築することが重要である。

　　　グループ会社に経営や業務運営における一定程度の独立性を許容する場合でも、コンプライアンスの方針についてはグループ全体で一貫させることが重要である。

5-2　特に海外子会社や買収子会社の経営管理に当たっては、例えば以下のような点に留意が必要である。

> ➤　海外子会社・海外拠点に関し、地理的距離による監査頻度の低下、言語・文化・会計基準・法制度等の違いなどの要因による経営管理の希薄化など
> ➤　M＆Aに当たっては、必要かつ十分な情報収集のうえ、事前に必要な管理体制を十分に検討しておくべきこと、買収後は有効な管理体制の速やかな構築と運用が重要であることなど

（不祥事につながった問題事例）

✓　海外子会社との情報共有の基準・体制が不明確で、子会社において発生した問題が子会社内で内々に処理され、国内本社に報告されず。その結果、問題の把握・対処が遅れ、企業価値毀損の深刻化を招く

✓　許容する独立性の程度に見合った管理体制を長期にわたり整備してこなかった結果、海外子会社のコントロール不全を招き、子会社経営陣の暴走・コンプライアンス違反を看過

✓　買収先事業が抱えるコンプライアンス違反のリスクを事前に認識していたにもかかわらず、それに対処する管理体制を買収後に構築しなかった結果、リスク対応が後手に回り、買収元である上場会社に対する社会的批判を招く

［原則６］　サプライチェーンを展望した責任感
　　業務委託先や仕入先・販売先などで問題が発生した場合においても、サプライチェーンにおける当事者としての役割を意識し、それに見合った責務を果たすよう努める。

（解説）

6-1　　今日の産業界では、製品・サービスの提供過程において、委託・受託、元請・下請、アウトソーシングなどが一般化している。このような現実を踏まえ、最終顧客までのサプライチェーン全体において自社が担っている役割を十分に認識しておくことは、極めて有意義である。

　　　自社の業務委託先等において問題が発生した場合、社会的信用の毀損や責任追及が自社にも及ぶ事例はしばしば起きている。サプライチェーンにおける当事者としての自社の役割を意識し、それに見合った責務を誠実に果たすことで、不祥事の深刻化や責任関係の錯綜による企業価値の毀損を軽減することが期待できる。

6-2　　業務の委託者が受託者を監督する責任を負うことを認識し、必要に応じて、受託者の業務状況を適切にモニタリングすることは重要である。

　　　契約上の責任範囲のみにとらわれず、平時からサプライチェーンの全体像と自社の位置・役割を意識しておくことは、有事における顧客をはじめとするステークホルダーへの的確な説明責任を履行する際などに、迅速かつ適切な対応を可能とさせる。

（不祥事につながった問題事例）
✓　外部委託先に付与したセキュリティ権限を適切に管理しなかった結果、委託先従業員による情報漏えいを招き、委託元企業の信頼性を毀損
✓　製品事故における法的な責任に加え、サプライチェーンのマネジメントを怠り、徹底的な原因解明・対外説明を自ら果たさなかった結果、ステークホルダーの不信感を増大させ、企業の信頼性を毀損
✓　建築施工における発注者、元請、下請、孫請という重層構造において、極めて重要な作業工程におけるデータの虚偽が発覚したにもかかわらず、各当事者間の業務実態を把握しようとする意識が不十分であった結果、有事における対外説明・原因究明等の対応に遅れをとり、最終顧客や株主等の不信感を増大
✓　海外の製造委託先工場における過酷な労働環境について外部機関より指摘を受けるまで意識が薄かった結果、製品の製造過程における社会的問題が、当該企業のブランド価値を毀損

■巻末資料②

「上場会社における不祥事対応のプリンシプル」の策定について

2016年2月24日
日本取引所自主規制法人

1．趣旨

　上場会社には、株主をはじめ、顧客、取引先、従業員、地域社会など多様なステークホルダーが存在します。このため、上場会社の不祥事（重大な法令違反その他の不正・不適切な行為等）は、その影響が多方面にわたり、当該上場会社の企業価値の毀損はもちろんのこと、資本市場全体の信頼性にも影響を及ぼしかねません。したがって、上場会社においては、パブリックカンパニーとしての自覚を持ち、自社（グループ会社を含む）に関わる不祥事又はその疑いを察知した場合は、速やかにその事実関係や原因を徹底して解明し、その結果に基づいて確かな再発防止を図る必要があります。上場会社は、このような自浄作用を発揮することで、ステークホルダーの信頼を回復するとともに、企業価値の再生を確かなものとすることが強く求められていると言えます。

　しかし、上場会社における不祥事対応の中には、一部に、原因究明や再発防止策が不十分であるケース、調査体制に十分な客観性や中立性が備わっていないケース、情報開示が迅速かつ的確に行われていないケースなども見受けられます。

　このような認識の下、日本取引所自主規制法人として、不祥事に直面した上場会社に強く期待される対応や行動に関する原則（プリンシプル）を策定しました。このプリンシプルが、問題に直面した上場会社の速やかな信頼回復と確かな企業価値の再生に資することを期待するものです。

　本プリンシプルの各原則は、従来からの上場会社の不祥事対応に概ね共通する視点をベースに、最近の事例も参考にしながら整理したものです。本来、不祥事への具体的な対応は各社の実情や不祥事の内容に即して行われるもので、すべての事案に関して一律の基準（ルール・ベース）によって規律することには馴染まないと言えます。他方、それらの対応策の根底にあるべき共通の行動原則があらかじめ明示されていることは、各上場会社がそれを個別の判断の拠り所とできるため、有益と考えられます。

　なお、本プリンシプルは、法令や取引所規則等のルールとは異なり、上場会社を一律に拘束するものではありません。したがって、仮に本プリンシプルの充足度が低い場合であっても、規則上の根拠なしに上場会社に対する措置等が行われることはありません。

184

2．上場会社における不祥事対応のプリンシプル

上場会社における不祥事対応のプリンシプル
～確かな企業価値の再生のために～

　企業活動において自社（グループ会社を含む）に関わる不祥事又はその疑義が把握された場合には、当該企業は、必要十分な調査により事実関係や原因を解明し、その結果をもとに再発防止を図ることを通じて、自浄作用を発揮する必要がある。その際、上場会社においては、速やかにステークホルダーからの信頼回復を図りつつ、確かな企業価値の再生に資するよう、本プリンシプルの考え方をもとに行動・対処することが期待される。

① 不祥事の根本的な原因の解明
　　不祥事の原因究明に当たっては、必要十分な調査範囲を設定の上、表面的な現象や因果関係の列挙にとどまることなく、その背景等を明らかにしつつ事実認定を確実に行い、根本的な原因を解明するよう努める。
　　そのために、必要十分な調査が尽くされるよう、最適な調査体制を構築するとともに、社内体制についても適切な調査環境の整備に努める。その際、独立役員を含め適格な者が率先して自浄作用の発揮に努める。

② 第三者委員会を設置する場合における独立性・中立性・専門性の確保
　　内部統制の有効性や経営陣の信頼性に相当の疑義が生じている場合、当該企業の企業価値の毀損度合いが大きい場合、複雑な事案あるいは社会的影響が重大な事案である場合などには、調査の客観性・中立性・専門性を確保するため、第三者委員会の設置が有力な選択肢となる。そのような趣旨から、第三者委員会を設置する際には、委員の選定プロセスを含め、その独立性・中立性・専門性を確保するために、十分な配慮を行う。
　　また、第三者委員会という形式をもって、安易で不十分な調査に、客観性・中立性の装いを持たせるような事態を招かないよう留意する。

③ 実効性の高い再発防止策の策定と迅速な実行
　　再発防止策は、根本的な原因に即した実効性の高い方策とし、迅速かつ着実に実行する。
　　この際、組織の変更や社内規則の改訂等にとどまらず、再発防止策の本旨が日々の業務運営等に具体的に反映されることが重要であり、その目的に沿って運用され、定着しているかを十分に検証する。

④ 迅速かつ的確な情報開示
　　不祥事に関する情報開示は、その必要に即し、把握の段階から再発防止策実施の段階に至るまで迅速かつ的確に行う。
　　この際、経緯や事案の内容、会社の見解等を丁寧に説明するなど、透明性の確保に努める。

■巻末資料③

「グループ・ガバナンス・システムに関する実務指針（グループガイドライン）」の一部抜粋

4.10　有事対応の在り方

4.10.1　基本的な考え方

> 　中長期の企業価値を支えるレピュテーションへのダメージを最小化し，一般消費者を含む多様なステークホルダーの信頼の早期回復を図るためにも，グループ本社を中心として，不祥事等の早期発見と被害の最小化のための迅速な対応など，有事対応が適切に行われるべきである。

- グループ経営において，不祥事（法令違反に限らず，契約違反や不正表示，社会規範や消費者等のステークホルダーからの合理的な期待に反する行為を含む。）や事故（以下「不祥事等」という。）の発生の防止に努めることは，企業の社会的責任として当然の要請である。
- しかしながら，現実には，事業活動を遂行する上で不祥事等のリスクを完全に回避すること（「ゼロリスク」）は困難であるため，グループ本社を始めグループ各社の経営陣は，内部統制システムの構築・運用を通じた未然防止のための事前措置のみならず，事後的措置として，不祥事等の早期発見と被害の最小化のための迅速な対応，根本原因の究明とそれに基づく再発防止策を講じることも重要となる。
- こうした有事対応は，一つ間違えれば，長年の経営努力により築き上げてきたグループとしての信用やブランド力を一瞬にして崩壊させるリスクを孕むものである。グループとしての中長期の企業価値を支えるレピュテーションへのダメージを最小化し，一般消費者を含む多様なステークホルダーの信頼の早期回復を図るためにも，グループ本社を中心として有事対応が適切に行われるべきである。

4.10.2　有事対応の在り方について

（有事対応の目的）

> 　有事対応の目的は，速やかに事実関係の調査，根本原因の究明，再発防止策の検討を行い，十分な説明責任を果たすことにより，ステークホルダーからの信頼回復とそれを通じた企業価値の維持・向上を図ることである。

- 企業における有事対応において最も重要なのは，社内あるいはグループ内における不祥事等の発生又はその疑いを察知した場合，速やかに事実関係を調査し，当該事案の根本原因（root cause）の究明と再発防止策の検討を行うとともに，十分な説明責任を果たすことであり，これらの一連の対応は，問題に直面した企業が多様なステークホルダーからの信頼を回復し，それを通じた中長期的な企業価値の維持・向上を図ることを目的に行われるべきものである。

（事案の公表等[91]）

> 問題を把握した際の初動としては，事案の重大性を見極め，公表が必要と判断した場合には，迅速な第一報を優先させ，社会的観点から必要に応じて謝罪を行いつつ，正確な説明を心掛けるべきである。

- 社内あるいはグループ内において問題を把握した際の初動として，事案の重大性の見極めと公表の要否の判断が特に重要である。
- 被害の大きさ（人の身体の安全や健康に関わるものか）や影響範囲（不特定多数に及ぶか，継続しているか）等を踏まえ，公表が必要と判断した場合には，迅速かつ適切に行うことが求められる。
- 公表については，そのタイミング（迅速性）と内容（正確性）の両立が課題となるが，過去の不祥事事案の教訓から，会社としての正式発表前に報道されると隠ぺいが疑われて信頼回復に時間を要することとなりやすいため[92]，まずは「迅速な第一報」を優先させ，社会的観点から必要に応じて謝罪を行いつつ，正確な説明（調査の進捗状況を含め，その時点で可能な限りの説明）を行うことを心掛けるべきである。

---

[91] 公表の要否やそのタイミングについて，上場会社は金融商品取引所の適時開示ルールに従う必要がある。「上場会社の運営，業務若しくは財産又は当該上場株券等に関する重要な事実であって投資者の投資判断に著しい影響を及ぼすもの」など，一定の事項を決定したり，一定の事実が発生した場合，投資者の投資判断に与える影響が軽微なものを除き，直ちにその内容を開示しなければならない（有価証券上場規程402条）。上場会社の子会社において一定の事項の決定・一定の事実の発生があった場合についても同様である（同403条）。

[92] SNSの普及による情報拡散力の拡大により，内部告発等を端緒として一瞬にして社会問題として拡散され，会社としての対応が後手に回ることで，レピュテーションダメージが大きくなるケースが増加しており，クライシスコミュニケーションが特に重要性を増しているとの指摘がある。

【参考資料17：レピュテーション・マネジメント（有事対応の場合）】

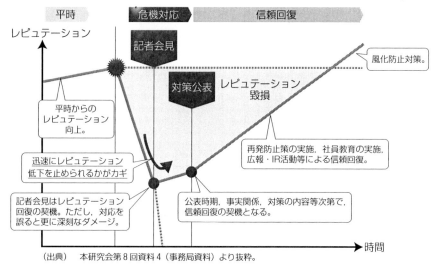

（出典）　本研究会第 8 回資料 4（事務局資料）より抜粋。

【企業アンケート結果14：子会社不祥事が発覚した際の親会社の対応方針】

➢ 子会社不祥事が発覚した場合，93％の企業では，親会社の経営陣に対して即座に報告することとなっているが，親会社の監査役等に対して即座に報告することとなっている企業は54％にとどまる。

➢ 子会社不祥事に際し，社外役員が果たす役割を明確にしている企業は18％にとどまる。

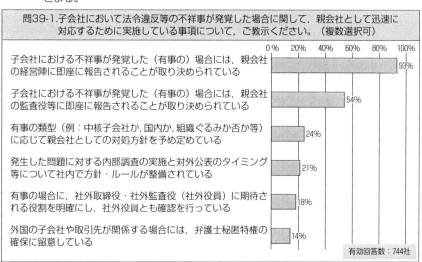

188

（独立社外役員等による対応の在り方（第三者委員会の活用等））

※　以下では，主に，公表を要するような重大な事案を想定している。

> 　有事対応においては，当該事案に利害関係のない独立社外取締役や独立社外監査役（独立社外役員）が，いわゆる第三者委員会の設置の要否を含めた調査体制の選択，同委員会の組成・運営において主導的な役割を果たすべきである。

- 現状，日本企業の有事対応の一環として，いわゆる第三者委員会[93]が設置されることが多いが，これも，上記目的を達成するための手段として，その実質的な機能に着目して捉えるべきである[94]。
- 個々の事案の具体的状況に応じ，上記目的を達成するためにどのような対応を行うべきかについて，当該事案について利害関係のない者が独立した立場で検討・判断を行うことが重要であり，通常，こうした役割の担い手として期待されるのは，独立社外取締役（監査等委員会設置会社又は指名委員会等設置会社の場合は，特に監査等委員又は監査委員）又は独立社外監査役（以下「独立社外役員」という。）である。なお，独立社外役員は，執行陣から独立した立場にあり，株主総会において選任され，会社に対して善管注意義務を負う立場にあることから，通常はステークホルダーに対する説明責任の主体としても適任であると考えられる。

---

[93]　日本弁護士連合会「企業等不祥事における第三者委員会ガイドライン」（2010年7月策定，同年12月改訂）では，「企業等から独立した委員のみをもって構成され，徹底した調査を実施した上で，専門家としての知見と経験に基づいて原因を分析し，必要に応じて具体的な再発防止策等を提言するタイプの委員会」を「第三者委員会」と称した上で，「経営者等自身のためではなく，すべてのステーク・ホルダーのために調査を実施し，それを対外公表することで，最終的には企業等の信頼と持続可能性を回復することを目的とするのが，この第三者委員会の使命である」としている。また，同ガイドラインでは，社外役員が「第三者委員会」の委員となる場合もありうるとしている。「第三者委員会」に関する前述の定義と期待される機能に着目すれば，「独立調査委員会」等の名称の方が適切ではないかとの指摘もある。

[94]　日本取引所グループの「上場会社における不祥事対応のプリンシプル」（2016年2月24日）では，第三者委員会に関し，「内部統制の有効性や経営陣の信頼性に相当の疑義が生じている場合，当該企業の企業価値の毀損度合いが大きい場合，複雑な事案あるいは社会的影響が重大な事案である場合などには，調査の客観性・中立性・専門性を確保するため，第三者委員会の設置が有力な選択肢となる。そのような趣旨から，第三者委員会を設置する際には，委員の選定プロセスを含め，その独立性・中立性・専門性を確保するために，十分な配慮を行う。また，第三者委員会という形式をもって，安易で不十分な調査に，客観性・中立性の装いを持たせるような事態を招かないよう留意する。」としている。

- ただし，事案によっては，独立社外役員であっても，具体的な関与があり，独立性が認められない場合もあるため，事案ごとに適格な主体を選択することが必要である[95]。
- まず，社内あるいはグループ内において重大な不祥事等が発生した場合，内部監査部門等を通じて監査役等（独立社外役員を含む）に迅速に報告されるよう，社内規則において明確に規定しておくこと[96]が重要である。その上で，調査体制として，業務執行者による内部調査に委ねるか，独立社外役員による委員会を設置する[97]か，あるいは第三者委員会を設置するか等を選択するに当たっても，独立社外役員が主導的な役割を果たすことで，判断の客観性を確保することが重要である。
- 独立社外役員が中心となってこうした判断を行うに当たっては，社内の監査役等や内部監査部門等の社内スタッフとの連携により十分な情報収集を行った上で，当該事案に対する経営レベルでの関与の状況や関係者の範囲，事案の重大性等を考慮し，業務執行内での自浄作用に期待できるかといった観点から判断することが考えられる。
- 第三者委員会を設置する場合についても，その独立性・実効性を担保するため，委員会の組成（ミッション設定，権限付与，リソース確保を含む）・委員選任・運営において独立社外役員が主導的役割を果たすことが重要である。

---

[95] 日本監査役協会が定める監査役監査基準において以下のように規定されている（指名委員会等設置会社に関する監査委員会監査基準や監査等委員会設置会社に関する監査等委員会監査等基準についても同様）。
第27条（企業不祥事発生時の対応及び第三者委員会）
1　監査役は，企業不祥事（法令又は定款に違反する行為その他社会的非難を招く不正又は不適切な行為をいう。以下本条において同じ）が発生した場合，直ちに取締役等から報告を求め，必要に応じて調査委員会の設置を求め調査委員会から説明を受け，当該企業不祥事の事実関係の把握に努めるとともに，原因究明，損害の拡大防止，早期収束，再発防止，対外的開示のあり方等に関する取締役及び調査委員会の対応の状況について監視し検証しなければならない。
2　前項の取締役の対応が，独立性，中立性又は透明性等の観点から適切でないと認められる場合には，監査役は，監査役会における協議を経て，取締役に対して当該企業不祥事に対する原因究明及び再発防止策等の検討を外部の独立した弁護士等に依頼して行う第三者委員会（本条において「第三者委員会」という）の設置の勧告を行い，あるいは必要に応じて外部の独立した弁護士等に自ら依頼して第三者委員会を立ち上げるなど，適切な措置を講じる。
3　監査役は，当該企業不祥事に対して明白な利害関係があると認められる者を除き，当該第三者委員会の委員に就任することが望ましく，第三者委員会の委員に就任しない場合にも，第三者委員会の設置の経緯及び対応の状況等について，早期の原因究明の要請や当局との関係等の観点から適切でないと認められる場合を除き，当該委員会から説明を受け，必要に応じて監査役会への出席を求める。監査役は，第三者委員会の委員に就任した場合，会社に対して負っている善管注意義務を前提に，他の弁護士等の委員と協働してその職務を適正に遂行する。
[96] その際，報告すべき「重大な不祥事等」の範囲についても，レピュテーションへの影響に着目し，（単なる金額規模等ではなく）社会的な評価として「重大」と考えられるものを対象とすべきと考えられる。
[97] 独立社外取締役の導入が進んでおり，その役割に対する社会的認知が広がっている欧米では，このように独立社外取締役による委員会を設置し，調査については法律事務所の専門サービスを活用して行う形が一般的であるとも言われている。ただし，こうした調査体制をとる場合でも，ステークホルダーに対する説明責任を果たす観点から，原則として，調査報告書は公表することが望ましいと考えられる（米国等での訴訟対応との関係については，本文参照）。

190

- さらに，当該事案について利害関係がない限り，独立社外役員が自ら委員長や委員に就任することも有力な選択肢になりうるが[98]，委員になった場合でも，独立社外役員を含む監督責任について厳正に評価されるべきである[99]。また，第三者委員会の実効性確保のため，専門家サービスの活用や調査の遂行に必要な権限の付与及び資金・人的リソースの提供が重要である。
- また，調査報告書のとりまとめに当たっては，事実関係の正確性や再発防止策の有効性・実施可能性について確認するため，調査の独立性を阻害しないように十分注意を払いつつ，業務執行者と適切な形でコミュニケーションを図ることは有効である。
- グローバルに事業展開している企業においては，第三者委員会の活用や調査報告書の公表の在り方を検討するに当たって，米国のディスカバリー制度等における訴訟対応への影響を踏まえることも重要である。こうした検討により，ステークホルダーの信頼回復のために十分な説明責任を果たすという要請と，米国におけるクラスアクション等も想定した適切な訴訟対応の要請とを比較衡量の上，仮に調査報告書を公表しない，あるいは要約版を公表する等の判断をした場合には，その判断についても十分な説明を行うことが検討されるべきである。

---

[98] 日本弁護士連合会「企業不祥事における第三者委員会ガイドライン」では，企業等と利害関係を有する者は委員に就任することができないとされるが，「社外役員については，直ちに「利害関係を有する者」に該当するものではなく，ケース・バイ・ケースで判断されることになろう」とされており，当該事案に利害関係がない限り，独立社外役員が委員として参画することは同ガイドラインの趣旨とも整合的であると考えられる。なお，ここで「利害関係がある場合」とは，当該事案に対して具体的な関与があった場合や問題を把握しながら放置していたような場合をいい，単に取締役会での決議に賛成したことや議論に参加したことのみをもって直ちにこれに当たると解することは適切ではない。

[99] ただし，独立社外役員の監督責任が特に重要な論点になるような事案においては，第三者委員会において客観的な評価が行えるよう，独立社外役員自ら委員となることは控えるべきとの指摘もある。

4.10.3　子会社で不祥事等が発生した場合における親会社の対応の在り方

（会社法上の整理）

● 前述の通り，親会社には，子会社を含むグループ全体の内部統制システムを構築・運用することが求められているが，これはあくまでも，子会社各社がそれぞれ自社における内部統制システムを構築・運用する義務を負っていることを前提とし，その上で，必要な監督及び支援を行うことを想定したものである。

（実務上の対応）

> 子会社で不祥事等が発生した場合には，親会社は，事案の態様や重大性，子会社における対応可能性等を勘案し，特に必要な場合には，事案の原因究明や事態の収束，再発防止策の策定に向けた対応を主導することも期待される。

● 子会社における不祥事等は，親会社の直接の関与があったような特殊な場合を除き，第一次的には子会社の取締役等の責任であり，親会社の取締役等の責任（法的責任に限らず，経営上の責任を含む）は，グループの内部統制システムの構築・運用において，子会社管理について通常期待される合理的努力を尽くしていたかという観点から評価されるべき第二次的なものであり，結果責任を問うものではないと解されることに留意すべきである。
● 本ガイドライン等を踏まえて適切な内部統制システムの構築と運用（必要な体制整備や子会社における構築・運用状況の監督を含む）を行っていれば，それでもなお問題が発生した場合には，当該問題発生を踏まえて内部統制システムの在り方を見直し，適切にPDCAサイクルを実施していくことが親会社の取締役等の責務であると考えられる。
● 親会社の基本的な役割は，グループ内部統制システムの総元締めとして，当該子会社における対応状況をモニタリングするとともに，その経営陣の責任追及や再発防止策の有効性や実施状況の確認等を含むグループとしてのガバナンス機能の回復・強化（つまり，内部統制システムの再構築）であり[100]，親会社の取締役等の責任は，こうした役割を適切に果たしているかという観点で判断されるべきである。独立した業務運営が行われている子会社において不祥事等が発生した場合でも，直ちに親会社の経営陣自身が辞任等の形で「責任を取る」ことまで求められる風潮は，前述のようなグループ内部統制システムに関する基本的な考え方を踏まえれば合理的なものとは言えない。

---

[100]　ただし，当該事案の態様（子会社トップの関与等組織ぐるみかどうか）や重大性（ステークホルダーへの影響の程度），子会社における対応可能性（子会社自身によるガバナンスが有効に機能することが期待できるか，体制・リソースが十分か）などを勘案し，グループ全体の企業価値を維持するために特に必要な場合には，グループとしての信頼回復に向け，親会社が不祥事等の原因究明や事態の収束，再発防止策の策定に向けた対応を主導することも期待される。

【編著者紹介】

■編者

竹内　朗（たけうち　あきら）

弁護士，公認不正検査士

1990年早稲田大学法学部卒，96年弁護士登録（第48期），2001〜06年日興コーディアル証券株式会社（現SMBC日興証券株式会社）法務部勤務，06〜10年国広総合法律事務所パートナー，10年プロアクト法律事務所開設，複数の上場会社で社外役員を務める．18年12月に日本経済新聞社が発表した第14回「企業法務・弁護士調査」で，企業が選ぶ弁護士ランキングの「危機管理分野」で第6位，総合ランキング（企業票＋弁護士票）の「危機管理分野」で第8位に選出．

大野　徹也（おおの　てつや）

弁護士，公認不正検査士，公認AML（アンチ・マネー・ローンダリング）スペシャリスト

1998年明治大学政治経済学部経済学科卒，2001年弁護士登録（第54期），07〜12年アフラック（現アフラック生命保険株式会社）社内弁護士として勤務，13年プロアクト法律事務所入所，上場地方銀行で社外取締役を務める．

■著者

プロアクト法律事務所

〒105-0001

東京都港区虎ノ門5-12-13

ザイマックス神谷町ビル7階

電　話　03（5733）0133

ＦＡＸ　03（5733）0132

http://proactlaw.jp

渡邉　宙志（わたなべ　たかし）

弁護士，公認不正検査士，公認内部監査人

1995年慶應義塾大学法学部法律学科卒，2004年弁護士登録（第57期），08〜14年吉本興業株式会社執行役員法務本部長として勤務，15年プロアクト法律事務所入所．

榊山　彩子（さかきやま　あやこ）
弁護士（一時登録抹消），消費生活アドバイザー
2002年立命館大学法学部卒，05年京都大学大学院法学研究科（公法専攻）修了，07年関西学院大学大学院司法研究科修了，08年弁護士登録（第61期），11〜17年独立行政法人国民生活センター紛争解決委員会（ADR）事務局委嘱，15年プロアクト法律事務所入所，17〜20年消費者庁取引対策課へ出向。

田中　伸英（たなか　のぶひで）
弁護士，公認不正検査士
2006年早稲田大学法学部卒，09年北海道大学法科大学院卒，10年弁護士登録（第63期），10〜16年服部昌明法律事務所勤務，16年8月〜19年11月 Assegaf Hamzah Partners（インドネシア）で勤務，19年プロアクト法律事務所入所。愛知県インドネシアサポートデスクの担当弁護士。

松葉　優子（まつば　ゆうこ）
弁護士，公認不正検査士
2012年早稲田大学法学部卒，14年早稲田大学大学院法務研究科修了，15年弁護士登録（第68期），17年プロアクト法律事務所入所，20年〜マネックス証券株式会社コーポレート管理部兼マネックスグループ株式会社社長室勤務。

岩渕　恵理（いわぶち　えり）
弁護士，公認不正検査士
2012年中央大学法学部卒，14年中央大学大学院法務研究科修了，16年弁護士登録（第68期），16〜19年三井住友信託銀行株式会社証券代行コンサルティング部勤務，19年プロアクト法律事務所入所。

図解　不祥事の社内調査がわかる本

2020年12月10日　　第1版第1刷発行
2024年11月10日　　第1版第5刷発行

編　著　者	竹　内　　　朗	
	大　野　徹　也	
発　行　者	山　本　　　継	
発　行　所	㈱中　央　経　済　社	
発　売　元	㈱中央経済グループ	
	パ ブ リ ッ シ ン グ	

〒101-0051　東京都千代田区神田神保町1-35
電話 03 (3293) 3371 (編集代表)
　　 03 (3293) 3381 (営業代表)
https://www.chuokeizai.co.jp

©2020
Printed in Japan

製版／㈱堀内印刷所
印刷・製本／㈱デジタルパブリッシングサービス

＊頁の「欠落」や「順序違い」などがありましたらお取り替えいた
しますので発売元までご送付ください。(送料小社負担)
ISBN 978-4-502-36671-0　C3032

図解

不祥事の予防・発見・対応

がわかる本

プロアクト法律事務所 [著]　竹内朗 [編]

A5判／460頁

企業不祥事を予防・発見・対応の3つの場面に分け、目指すべき実務対応を整理したガイダンス。

【本書の内容】

第1章　総　論

第2章　不祥事の未然防止
　　　　（予防統制）

第3章　不祥事の早期発見
　　　　（発見統制）

第4章　不祥事対応としての
　　　　危機管理

第5章　グループおよびサプライチェーンのリスク管理

中央経済社

新型コロナウイルス

影響下の法務対応

中央経済社 [編]　Ｂ５判／144頁

企業実務の最前線で活躍する専門家が、新型コロナ
ウイルス流行下の法務対応を解説する１冊。契約関係、
株主総会・取締役会運営、労務、訴訟管理などを
テーマ別に論じている。

本書の内容

第１章 企業法務全般／第２章　契約業
務・不可抗力条項／第３章　株主総会
対応①：総会実施方法の検討／第４章
株主総会対応②：総会準備と当日の運
営／第５章　取締役会・監査役会等・
指名委員会・報酬委員会／第６章　個
人情報保護／第７章　債権回収・与信
管理／第８章　労務／第９章　民事訴
訟／第10章　コンプライアンス

中央経済社